**열심히
일하지 않아도
괜찮아!**

21세기 분배의 상상력

열심히
일하지 않아도
괜찮아!

김만권 지음

여문책

차례

PART 3 　기본소득 모든 시민의 총소득을 늘리는 사회적 배당금

PART 4 　기초자본 모두를 위한 사회적 상속

PART 5 모두를 위한 소득 대 모두를 위한 상속

모두를 위한 '분배'는 가능할까

가장 비극적인 형태의 상실은 '안전의 상실loss of security'이 아니다.
그것은 '세상이 달라질 수 있다고 상상할 수 있는 힘의 상실'이다.

— 어네스트 블로흐Ernst Bloch

"열심히 일하지 않아도 괜찮다는 말, 처음 들었어요!" 지난여름, 강연 뒤풀이에 온 한 청년이 눈썹을 동그랗게 뜨고 입가에 미소를 지으며 말하더군요. 그렇습니다. 이 책은 여러분에게 이렇게 말을 겁니다. "열심히 일하지 않아도 괜찮아!" 여기에 그렇게 해도 좋다는 분배의 상상력이 있습니다. 이 분배의 상상력은 대다수 분배제도와는 달리 '모두에게 분배하자'고 힘주어 말합니다. 여기에서는 아무도 여러분이 부자인지 가난한 사람인지 묻지 않습니다. 직업이 있는지 없는지도 묻지 않습니다. 또한 여러분에게 노동의사가 있는지 없는지도 묻지 않습니다. 이 새로운 분배의 상상력이 요구하는 자격은 하나뿐입니다. '당신은 이 나라의 시민입니까?' 당신이 '그렇다'고 하면 이런 답이 돌아올 것입니다. "그렇다면 자격이 충분합니다. 여기 우리 모두가 받아야 마땅할 사회적 배당이 있습니다. 여기 당신의 몫이 있으니 받아가세요." 분배에서 배당은 내가 마땅히 받아야 할 몫을 뜻하기에 받는 사람들이 누구에게 감사할 이유도, 미안해할 이유도 없습니다. 이들은 말합니다. 당신이 이 땅에 태어난 시민이라는 이유만으로도 자격은 충분하다고. 더 놀라운 건 이렇게 '모든 사람에게 배당해야만' 빈자들이 실질적으로 고통을 해결할 수 있다고 말합니다. 훨씬 더 놀라운 건 듣고 보면 이들의 말이 논리적으로, 또 현실적으로 옳다는 사실입니다.

그런데 모두를 위한 배당을 지지하는 사람들이 우리에게 질문을 던집니다. 여러분은 매달 생계를 이을 수 있는 소득을 원하십니까, 아니면 인생을 설계할 수 있는 목돈을 상속받길 원하십니까? 모두를 위한 소득을 원하는지, 아니면 모두를 위한 상속을 원하는지 묻고 있는 겁니다. 그렇습니다. 하나는 이제 우리에게도 제법 익숙해진 '기본소득basic income'을 말하는 것이고, 또 하나는 아직 너무도 낯선 '기초자본basic capital'이라는 제안입니다. 놀라운 일입니다. 매달 여러분이 소비할 수 있는 최소한의 소득을 '조건 없이' 주겠다는 이 제안. 그리고 이를 넘어 여러분이 먼 미래를 보고 삶을 설계할 수 있는 종잣돈을 '조건 없이' 주겠다는 또 다른 제안. **더 흥미로운 사실은 이렇게 다른 두 배당 제안이 서로가 미래를 위해 더 나은 제안이라며 논쟁을 벌이고 있다는 겁니다.**

무슨 황당한 소리냐고요? 그런데 현실을 들여다보면 황당한 소리만은 아닙니다. 이 두 제안을 여러 국가가 여기저기서 실험하고 있기 때문입니다. 예를 들어 세계의 유명 CEO들이 모든 사람에게 소비할 돈을 주자는 기본소득이라는 발상을 열심히 지지하고 있습니다. 국가, 지자체, 기업들이 기본소득 실험에 나섰다는 건 새로운 사실이 아닙니다. 한편 다음 세대의 모든 구성원에게 사회가 상속해주자는 제안 역시 실행된 적이 있습니다. 영국 노동당이 '아동신탁기금Child Trust Fund: CTF'을 통해 이미 정책적으로 추진했던 겁니다.

이렇게 실험이 진행되고 정책으로 시행된 적이 있는데도 여전히 의심스러운 말투로 묻는 이들이 있습니다. '이런 일이 진정 가능하단 말이에요?' 제 대답은 한결 같습니다. '네, 그렇다니까요.' 왜 그렇게 자신이 넘치느냐고요? 누군가에게는 아쉬울 수 있는 근거겠지만, 자본의 중심에 있는 사람들이 이 제안들을 긍정적으로 보고 밀기 시작했기 때문입니다. 이런 밀어주기는, 빨갱이라는 수식어에 도매금으로 넘어갈 수도 있는 이 제안들이 시장을 중심으로 한 자본주의를 유지하는 데도 아무런 해가 되지 않으며, 더 궁극적으로는 오히려 도움이 될 것이라는 증거이기도 합니다. 자본은 '이윤'을 극대화할 수 있는 모든 것과 언제든 결혼할 준비가 되어 있다는 것, 우리 모두가 알고 있는 사실입니다. '자본'과 '우리 평범한 사람들'의 이익이 맞아떨어진다면 국가도 반대할 이유가 없을 겁니다. 자본-국가-시민의 이익이 맞아떨어질 수 있는 이 새로운 21세기 분배제안, 바로 기본소득과 기초자본입니다.

이 두 배당제안의 실현 가능성을 의심하는 분들을 설득하기 위해 '자본의 지지'라는 현실적인 근거를 썼지만, 사실 이들 배당은 인류가 오랜 시간 축적해온 분배의 상상력에 바탕을 두고 있습니다. 굳이 최근의 것으로만 댄다면 두 가지 근거가 있습니다. 하나는 '재산소유 민주주의property owning democracy'고, 또 다른 하나는 '사회적 지분소유자 자본주의stakeholder capitalism'입니다. 간략히 요약하자면 일정 정도의 재산과 지분소유가 개인에게 실질적인 자유를 주기 때문에 누구나 최소한의 소득이나 적정한 지분을 소유하는 민주주의와 자본주의가 필요하다는 겁니다. 소위 권력과 부를 가진 소수만 자유로운 것이 아니라 민주주의와 자본주의 안에 사는 모든 사람이 실질적 자유를 행사할 수 있어야 한다는 정치적·경제적 전망이 이 제안들의 근거입니다.

오히려 이 제안들이 실현되기 위해 남아 있는 문제는, '이 제안들이 정말 실현 가능할까 하는 평범한 우리 안의 의구심'이라는 생각밖에 들지 않습니다. 어쩌면 우리는 '세상은 결코 바뀌지 않아!'라는 체념 속에서 새로운 세계를 상상하는 일을 거부하거나 비하하는 데 너무 익숙해 있는 건 아닐까요? 어네스트 블로흐는 세상에서 가장 비극적인 상실은 '안전한 삶'이 아니라 '세상이 바뀔 수 있다고 상상할 수 있는 힘'의 상실이라고 말합니다. 블로흐의 말이 옳다면, 21세기 분배를 실현 가능하게 만드는 것은 **'이 제안들을 함께 지지할 수 있는 평범한 우리 안의 연대'**가 아닐까요? 상상해보세요. 우리가 이 땅에 태어난 이상 내 몫의 사회적 소득 혹은 사회적 상속을 받을 자격이 있는 세계를. 정말 그런 일이 가능한 것인지 아직도 의심스럽다면 이 두 제안이 벌이는 분배논쟁 속으로 들어와보세요. 이제 그곳으로 여러분을 초대합니다.

PART 1

노동 밖으로 나간 분배라고

101

밥 민주주의

"우리의 새로운 도전은 경제에서의 민주주의입니다.
민주주의가 밥이고, 밥이 민주주의가 되어야 합니다."

2017년 6·10민주항쟁 30주년 기념식에서 문재인 대통령이 한 말

자본이익률 〉 노동이익률

양극화를 만드는 주범 중 하나

소비능력이 있는 이들이 소비능력이 없는 이들보다
정말 열심히 일하는 것일까?

103

24,381,000,000

243억 8,100만 원
— 권오현 삼성전자 종합기술원 회장의 연봉

3,172만 원
— 한국 직장인의 평균연봉

2,225만 원
— 한국 직장인의 중간연봉

284만 3,000원
— 정규직 평균임금

1,565,000

156만 5,000원

— 비정규직 평균임금

중소기업 종사자 수
1,402만 7,000명

88 : 12

대기업 종사자 수
193만 5,000명

2,069 : 1,754

2016년 기준 국내 취업자 1인당 연평균 노동시간은
OECD 35개 회원국의 평균보다 315시간이나 더 많았다.
우리는 1년에 그들보다 38일 더 일한 셈이며
독일보다는 무려 90일 더 일한 셈!
"개같이 일만 하라고 강요하는 사회"에서
언제까지 살 수 있을까?

1,028,000 : 435,000

2017년 한국의 실업률은 미국보다 높은 5%대에 진입

IMF 위기 이후 최고치

물고기를 잡고 싶어도 물고기 자체를 구경조차 못하는 사람들

102만 8,000명 중 15~29세 청년층의 실업자 수는 43만 5,000명

청년층의 체감실업률은 **22.7%**

여전히 노동을 분배의 기준으로 삼는 것은 현실적인가?

노동하고 싶어도 노동할 수 없는 사람들이
늘어만 가는 게 현실!
정말 일자리는 늘어날 수 있을까?
정작 보호가 절실한 노동시장 밖의 사람들은?

인간의 노동 없이도 재화가 넘쳐나는 낙원에는 인간의 일자리를 찾아보기 힘들 것이므로 재화와 함께 실업자도 넘쳐날 것이다. 변화한 기술조건에 맞는 소득정책이 만들어지지 않는 한, 우리의 낙원은 재화가 넘쳐나는데도 한쪽에서는 굶주린 자들이 가득한 곳이 될 것이다.

— 바실리 레온티에프Wassily Leontief, 노벨경제학상 수상자

안녕하세요? 김만권입니다. '21세기 분배의 상상력' 강좌에 오신 걸 환영합니다. 이렇게 만나 뵙게 되어 반갑습니다. 그런데 왜 이렇게 수강생들이 많은 걸까요? 무료라서 그런가요? 진심으로 그게 아닐 거라고 믿고 싶습니다. 사실 제가 일 년에 한 번이나 두 번 정도는 유료강좌에 접근성이 없는 분들을 위해 이렇게 무료로 강좌를 열고 있습니다. 특히 이런 분배 강좌 같은 경우는 청년들이나 직업이 없는 분들에게 접근성이 있어야겠죠. 그런데 무료로 강좌를 열 경우 이름만 올려놓고 오지 않는 분들이 있다고 해서 강좌 기획 팀에서 신청 시 2만 원을 받기로 했습니다. 하지만 두 차례 강좌에 다 오시면 모두 돌려받을 수 있습니다. 기획하는 입장을 생각해서 여러분이 이해해주셨으면 좋겠습니다.

우선 '21세기 분배의 상상력', 이 강좌를 연 의도부터 말씀드리는 게 좋겠네요. 제가 지난봄에 헌법 강좌를 열었습니다. 개헌 열기가 불타오를 무렵이었죠. 구체적으로 어떻게 헌법이 만들어지는지, 만약 우리가 새로운 헌법을 만든다면 어떤 것들을 중점적으로 다루어야 하는지 이야기한 시간이었습니다. 그런데 그때 청년들이 강좌에 많이 참석했습니다. 그 강좌가 끝난 날 이 친구들이 뒤풀이에 많이 와주었는데요, 당시 헌법이 다루어야 할 과제 중 하나로 분배에 대한 이야기에 청년들이 각별한 관심을 보였습니다. '새롭게 변화된 시대, 바람직한 분배는 어떤 것일까? 특히 새롭게 헌법이 만들어진다면, 이 헌법과 가장 오래 살아갈 청년 세대들이 요구할 수 있는 분배에는 어떤 것들이 있을까?' 이러저러한 이야기 끝에 기본소득과 기초자본에 대한 이야기가 나왔습니다. 그런데 우리가 이 이야기를 하려면 먼저 기본소득이 뭔지, 기초자본이 뭔지 조금 더 구체적으로 알아야 한다, 이런 합의 아닌 합의가 만들어졌습니다.

"기본소득, 기초자본 강좌를 열어주세요." 때마침 저도 여름에 무료 강좌를 생각하고 있어서 옳다구나 싶었습니다. 특히 이 문제가 청년 세대들과 관계가 있고, 이 중 대다수가 아직은 학생이거나 직업이 없는 경우가 많아 무료 강좌로는 제격이라고 생각했습니다. 오늘 이렇게 많은 분이 오신 걸 보니 그날 뒤풀이에 참석해준 친구들에게 고마운 마음이 저절로 생겨나네요.

왜 노동이
분배의 중요한 수단인가

분명히 말씀드리자면 저는 구체적인 '정책'에 대해 연구하는 복지 전공자가 아닙니다. 제가 공부한 건 '어떤 분배원리가 정의로운가'라는, 분배제도를 설계할 때 쓰이는 원리에 관한 겁니다. 그러다 보니 실질적 사례의 측면에서 본다면 정책 연구자보다 못할지도 모른다는 생각이 드네요. 기본소득의 역사와 관련해서 누가 어떤 제안을 했다, 이런 이야기라면 제가 전문가니까 여러분에게 7박 8일 동안이라도 말씀드릴 수 있는데요, 이번 강좌에서는 그런 일은 하지 않겠습니다. 오늘 강좌에서는 도대체 '기본소득이란 무엇인가', 그 아이디어에 대해 설명을 드리고 여러분이 그것을 받아들일 만한지 이야기할 것이고요, 다음 강좌에서는 기본소득과 비슷해 보이지만 전혀 다른 기초자본에 대한 설명을 드리고 그것이 받아들일 만한 것인지 함께 생각해보려 합니다.

앞으로 아시게 되겠지만 기본소득과 기초자본은 서로 아주 다른 분배에 대한 발상입니다. 그런데 서로 다른 이 두 개의 발상을 하나로 엮을 수 있는 공통된 발상 하나가 있습니다. 바로 '노동 밖으로 나간 분배'입니다. 우리가 분배 이야기를 하면 기본적으로 늘 노동을 중심으로 사고하게 됩니다. 당연한 거지만 모든 정치공동체, 대표적으로 국가가 생겨나면 그 어떤 국가라도 자원을 어떻게 분배할 것인지가 첫 번째 과제가 됩니다. 한 국가의 구성원들이 삶을 영위할 수 있는 기본적 자원을 어떻게 분배할 것인지는 그 무엇보다 중요한 국가의 과제지요.

근대 자본주의 국가가 자원의 분배에 전통적으로 써오던 방식이 있습니다. 시장에서 노동을 통한 분배가 그것이죠. 노동자가 시장에 나가 직업을 구하고, 그 시장에서 노동을 제공한 대가로 임금을 받는 거죠. 최근 문재인 대통령이 쓰고 있는 '소득주도 성장' 정책도 이 전통적 방식에 해당하는 겁니다. 이 정책에는 노동시장에서 일자리를 통해 여러분의 소득을 높여 자원분배 문제를 해결하겠다는 전통적인 노동 중심적 발상이 고스란히 내재해 있습니다. 이런 노동 중심적 분배정책은 산업사회에서는 매우 효과적인 것이었어요. 제조업이 중심축을 이룬 산업사회는 생산자 중심 사회였으니까요. '생산자 중심 사회'에서는 '완전고용'이라는 이상이 작동할 수 있었고, 이곳에서는 누구에게나 일할 수 있는 기회가 '실질적으로' 보장되어 있었습니다.

돌아보면 생산자 사회는 노동력을 제공하는 사람에게는 그나마 아름다운 사회였습니다. 이 사회에서는 노동자가 굉장히 중요한 존재였지요. 노동자들이 생산을 담당하는 주체이기 때문입니다. 이 사회에서 노동자들은 국가가 보호해야 할 대상이었습니다. 자본이 늘 건강한 노동력을 필요로 했기 때문이죠. 이 당시에 국가의 역할은 '자본과 노동'을 만나게 해주는 것이 었습니다. 그래서 국가의 능력은 얼마나 노동자를 잘 보호하느냐에 달려 있었지요. 소위 서구식 근대 복지국가가 탄생할 수 있었던 이유가 여기에 있습니다.

소비사회에서 노동윤리란?

지금 우리가 살고 있는 사회는 산업사회가 아닙니다. 우리는 지금 이 시대를 '탈산업사회'라고 부르죠. 그리고 이 탈산업사회의 다른 이름이 바로 '소비사회'입니다. 이 사회에서 우리가 흔히 쓰는 표현이 있습니다. '소비자가 왕이다.' 이 표현의 이면에는 노동자의 시대가 가고 소비자의 시대가 왔다는 의미가 담겨 있습니다. 어떤 것을 생산하는 사람보다 어떤 것을 소모하는 사람들이 더 중요한 사회가 되었다는 거죠. 그렇다면 이 사회에서 국가는 누구를 보호하게 될까요? 노동자일까요, 아니면 소비자일까요? 당연히 소비를 할 수 있는 사람들이죠. 이 사회에서 국가는 소비능력이 없는 사람들을 보호할 이유를 찾을 수 없습니다. 자신들의 임무는 '상품과 소비자', '자본과 소비자'를 만나게 해주는 것이기 때문이죠. 그렇다면 이 사회에서 소비능력이 없는 사람들의 운명은 어떻게 될까요? 예를 들어 실업자나 저임금 노동자나 저소득 가정의 구성원은 소비능력이 한참 떨어지는 사람들입니다. 산업사회 시대라면 이들은 마땅히 국가가 관심을 가져야 할 대상이겠지만, 지금 같은 소비사회에서는 오히려 국가의 보호 대상에서 배제되는 계층이 되는 거죠.

그런데 이런 소비사회에서 목격할 수 있는 기이한 현상이 있습니다. 사람들이 여전히 이렇게 말하는 겁니다. '일하지 않는 자여, 먹지도 말라!' 우리가 태어나면서부터 듣는 말이 있죠. '열심히 일해야 한다.' 이를 간단히 '노동윤리'라고 합니다. 이 노동윤리는 생산자 사회에서는 맞는 말입니다. 하지만 소비사회에서 '노동윤리'가 왜 여전히 중요한 걸까요?

지그문트 바우만Zigmunt Bauman에 따르면, 이 소비사회에서는 노동윤리가 적용되는 특정한 계층이 있다고 합니다. 바로 실질적인 소비능력이 없는 사람들이라는 거죠. 생각해보세요. 우리는 소비능력이 있는 이들에게 '일하지 않는 자여, 먹지도 말라!' 라고 되풀이해 강조하지 않습니다. 우리는 명확히 알고 있습니다. 소비능력이 있는 사람들 중에는 일하지 않는 사람도 많다는 사실을. 하지만 이들을 향해 노동윤리를 들이대는 사람은 거의 없습니다. 명확하게 이 노동윤리는 소비능력이 없는 사람들을 향해 손가락질합니다. '저 사람은 열심히 일하지 않아서 가난해. 저 사람은 열심히 노력하지 않아서 지금 쓸 돈이 없는 거야. 그렇기 때문에 저런 사람들처럼 되지 않으려면 더 열심히 노력해야 해.'

정말 열심히 노동하면 누구에게라도 소비능력이 생기는 걸까요? 잠입취재를 전문으로 하는 미국의 바버라 에런라이크 Barbara Ehrenreich라는 기자이자 작가가 있습니다. 이 작가가 저임금 노동자들의 세계에 들어가 자신이 일한 경험을 담은 『노동의 배신Nickel and Dimed』(2001)에서 이렇게 말합니다. "아무리 열심히 일해도 처지가 악화되는 사람들이 있다는 사실을 알았다." 실제 에런라이크는 음식점 종업원, 청소부, 월마트 점원으로 직접 일하죠. 그런데 아무리 열심히 일해도 생활이 나아지기는커녕 더 어려워지더라는 겁니다. 시간당 7달러 조금 넘는 금액으로는 아무리 노력해도 저축은 고사하고 생활이 점점 더 어려워질 뿐이더라는 거죠. 실제 경험을 통해 저임금 비정규직 노동이 확산되는 현재의 소비사회에서 열심히 일한다는 것과 충분한 소득이 생긴다는 것 사이에 상관관계가 전혀 없을 수도 있다는 사실을 알게 되었던 거죠. 아니 에런라이크의 논점은 오히려 이겁니다. **'아무리 열심히 일해도 더 가난해지는 사람들이 있다.'**[*]

* 바버라 에런라이크 지음, 최희봉 옮김, 『노동의 배신』, 부키, 2012, 주로 4장과 후기 참조.

풍요의 시대와 함께하는
불평등의 시대

아무리 열심히 일해도 더 가난해지는 사람들이 많아지는 현상. 그런데 이런 일이 풍요의 시대에 일어난다면 이걸 어떻게 설명해야 할까요? 실제 인류는 역사상 그 어느 때보다 많은 부를, 풍요를 누리고 있습니다. 그런데 이런 풍요의 시대에 민주주의가 위기를 맞고 있다고들 합니다. 왜일까요?

2017년 6월 민주화 항쟁 30주년 기념식에서 문재인 대통령이 이렇게 이야기합니다.

"더 넓고 더 깊고 더 단단한 민주주의를 만들어나가겠습니다. 우리의 새로운 도전은 경제에서의 민주주의입니다. 민주주의가 밥이고, 밥이 민주주의가 되어야 합니다."

대통령이 왜 이런 말을 한 것일까요? 그 이유는 우리 사회에서 분배의 양극화 문제 때문입니다. "소득과 부의 극심한 불평등이 우리 민주주의를 위협하고 있습니다." 당연합니다. 여러분도 아시다시피 민주주의란 중산층이 유지하는 체제입니다. 상류층은 자신들을 규제하는 민주주의를 성가셔 하고, 하류층은 먹고살기에 바빠 민주주의 자체에 관심이 없지요. 소득과 부가 불평등하게 분배되면 자연스럽게 민주주의는 위기에 빠집니다. 요즘 많은 사람이 이렇게 이야기합니다. 신자유주의 시대에 세계가 '포퓰리즘'에 빠져버렸다고. 소득과 부의 극심한 불평등이 야기한 민주주의의 위기를 의미하는 것이죠.

그렇다면 우리는 과연 얼마나 불평등할까요? 자, 제가 여기에 선분 하나를 긋겠습니다. 이 선분은 우리나라 전체 인구를 의미합니다. 이제 이 선분을 절반으로 뚝 잘라볼게요. 자, 여기 왼쪽 절반을 우리나라 인구의 소득 하위 50%라고 하겠습니다. 이 하위 50%가 우리나라 전체 부의 얼마 정도를 가지고 있을까요? 한번 추측해보세요. 얼마라고요? 20%? 네, 20%라고 말해주신 분이 있습니다. 5%? 아, 많이 낮아졌네요. 10%라고요? 네, 10%도 나왔습니다. 동국대에 김낙년 교수님이라고 계십니다. 이분이 연구하신 바에 따르면, 2013년 기준으로 우리나라 전체 인구 중 하위 50%가 차지하고 있는 부의 양은 전체의 1.7%라고 합니다. 2010년에는 2.3%였다네요. 3년 만에 0.6%가 줄어든 거죠. 지금 우리는 2018년에 살고 있지요. 이 지표가 조금이라도 나아졌길 바라는 마음뿐입니다.

여러분도 놀라고 있지만, 이런 불평등은 정말 극심한 겁니다. 생각해보세요. 우리나라에서 경제에 관한 통계를 만들 때, 대개의 경우 5분위로 나눕니다. 이처럼 5분위로 끊어낸다고 하면, 아래쪽에 있는 하위 20% 집단의 부는 사실상 그래프에 표기하기도 힘듭니다. 이제 이런 현실의 반대쪽을 볼까요? 우리나라

에서 소득 상위 10%가 가진 부는 얼마나 될까요? 2013년 기준
으로 66%라고 하는군요. 이 중 상위 1%가 가진 부는 25.9%라
는, 믿기 어려운 수치가 나와 있고요. 그러면 소득은 어떨까요?

2016년 국회입법조사처가 OECD 자료를 분석해서 국회에 보
고한 자료가 있습니다. 이 자료에 따르면, 소득 상위 10%의 소
득집중도는 44.9%이고 "이들에게 집중된 소득의 증가 폭과 속
도가 주요국 중에서 가장 높았다"고 합니다. 소득문제가 나왔
으니 드리는 말씀인데, 혹시 우리나라에서 가장 많은 연봉을 받
는 사람이 누구인지 아세요? 권오현 삼성전자 종합기술원 회장
이라고 하는군요. 이분 연봉이 243억 8,100만 원이라고 합니다.
한 달로 따지면 20억 3,175만 원, 하루로 치면 6,680만 원씩 번
다는군요(『한국일보』, 2018년 4월 2일). 주 52시간씩 일하는 노동자
들은 시간당 만 원을 두고 싸우고 있는데 말이죠.

2017년 1월 보도에 따르면, 우리나라 직장인의 '평균연봉'
은 '세전 기준 3,172만 원'이고 '중간연봉', 쉽게 말해 딱 가운데
50%에 위치한 사람이 받는 연봉은 '2,225만 원'이랍니다(『조선일
보』, 2017년 1월 20일). 이 중간연봉자는 매달 세전 기준으로 185만
원 정도를 버는 거죠. 그런데 이런 임금구조를 쪼개보면 소득
이 어디에 몰리는지 더 쉽게 알 수 있습니다. 2017년 통계청이
낸 자료에 따르면, 2017년 8월을 기준으로 정규직 근로자 월 평

균임금은 284만 3,000원인 데 비해 비정규직 근로자의 월 평균 임금은 156만 5,000원이에요(『조선일보』, 2017년 11월 11일). 여기서 대기업을 볼까요? "삼성전자는 지난해 임원을 제외한 직원 평균연봉도 2016년보다 1,000만 원 늘어난 1억 1,700만 원으로 최상위권이다. SK텔레콤 직원 평균연봉은 1억 600만 원, 현대자동차는 9,200만 원으로 나타났다."(『한국일보』, 2018년 4월 2일)

이런 사실에 근거해 2017년 『참여와 혁신』이 제시한 자료를 보면 소득쏠림이 일어나는 현상을 금방 알 수 있습니다. 종사자 수로 보면 대기업에 193만 5,000명(12.1%), 중기업에 400만 6,000명(25.1%), 소상공인을 제외한 소기업에 397만 5,000명(24.9%), 소상공인으로 분류되는 사업체에는 604만 6,000명(37.9%)이 일하고 있고, "중소기업 전체로 보면 종사자 수는 1,402만 7,000명, 비율로는 87.9%"에 이른답니다. 우리나라 대기업 기준은 종사자가 300인 이상인데요, 우리가 알고 있는 삼성·롯데 같은 30대 기업이 2017년에 47만 7,898명을 고용하고 있었습니다(『조선일보』, 2018년 5월 3일). 이제 명확히 보이죠. 왜 소득쏠림 현상이 일어나고 있는지.

지금 소개한 부와 소득의 불평등은 기본적으로 연결되어 있습니다. 소득이 많으면 많을수록 저축이나 투자를 할 수 있는 여유가 생겨나기 때문이죠. 그래서 소득불평등이 심화되면 될

수록 부의 불평등도 심화되기 마련입니다. 이 부와 소득의 불평등 통계에 따르면, 우리나라는 부의 불평등도 세계 2위, 소득의 불평등도 세계 2위였다고 합니다(세계 1위는 모두 미국입니다).

　이런 불평등은 당연히 사람들을 불안하게 만듭니다. 예를 들어볼까요? 저는 70~80년대에 초중고를 다녔습니다. 그때 선생님들이 정말 "너희 집은 중산층이니?" 이렇게 대놓고 소위 '가정조사'를 했어요. 돌이켜보면 그 질문에 우리 집은 중산층에 속하지 않는 것 같은데도 자존심은 있어서 중산층이라고 답했던 기억이 납니다. 그 시절에 학교를 다니신 분이라면 이런 경험이 있는 분들이 많을 겁니다. 요즘은 이런 조사가 훨씬 전문적으로 이뤄지죠. 2015년에 NH투자증권 100세 시대 연구소에서 우리나라 실제 중산층에 속하는 분들에게 '당신은 중산층입니까?'라고 물었답니다. 그런데 놀랍게도 실제 중산층에 속하는 이들 중 79.1%가 '난 중산층이 아니다'라고 답했다는군요. 원래 통계적으로 중산층에 속하는 사람들인데도 말이죠. 왜 그럴까요? 80%에 육박하는 중산층들이 심리적으로 자신이 중산층이라고 느끼지 못한다는 사실은 이들이 현재와 미래에 대해 불안해하고 있다는 반증은 아닐까요?

　세계가 혹은 국가가 풍요로운데도 불행한 사람들이 많은 이유, 그건 바로 부와 소득이 한쪽으로, 일방적으로 쏠려 있기 때문입니다. 경제적 풍요가 약속한 샴페인의 향긋함을 일부 계층이 독점하기 때문에 생겨나는 현상이죠. 이런 현상을 두고 '샴페인 잔 효과champagne glass effect'라고 부릅니다. 여러분, 샴페인 잔 보신 적이 있나요? 우리 생활에는 그다지 익숙하지 않은 게 사실이긴 하죠. 어쨌든 애초에 쓰인 샴페인 잔은 입구 쪽은 아주 넓은 반면, 아래쪽으로 내려갈수록 급격히 좁아지는 모양이었답니다. 이 '샴페인 잔 효과'는 부가, 소득이, 한마디로 돈이 상류층 일부에 몰려 있다는, 극단적인 양극화 현상을 뚜렷하게 보여줍니다.

노동으로 문제를 해결하자고?

지금까지 살펴본 부와 소득에 관한 통계들을 보면, 이 '샴페인 잔 효과'가 우리나라에서도 그대로 나타나고 있다는 사실을 볼 수 있어요. 문재인 대통령이 6월 민주화 운동 기념식에서 한 말이 맞는 거죠. '부와 소득의 불평등이 민주주의를 위협하고 있다. 이제 민주주의의 과제는 사람들에게 밥을 먹여주는 것이다.' 그런데 이 자리에서 대통령은 해결책으로 이렇게 말합니다. '일자리 위기가 근본 원인이다. 일자리는 경제의 문제일 뿐만 아니라 민주주의의 문제다.' 시장에서 일자리를 만들어 문제를 해결하겠다는 거죠. 앞서 말씀드린 '소득주도 성장' 정책이 나온 배경이 바로 이겁니다.

하지만 정말 대통령이 내세운 정책처럼 일자리 창출로 이 문제를 해결할 수 있을까요? 정말 미래사회에서 우리는 지속적으로 일자리를 창출해나갈 수 있을까요? 다시 말해 '노동' 중심적인 정책으로 사회적 양극화라는 문제를 긴 안목에서 해결할 수 있을까요?

돌이켜보면 노동 중심적인 삶의 방식이 끝을 맺을 것이라는 메시지를 가장 명확하게 던진 사례는 제러미 리프킨Jeremy Rifkin의 『노동의 종말The End of Work』(1996)입니다. 그 책은 기술의 진보가 결국 인간의 노동력이 필요 없는 사회를 만들어낼 것이라는 주장을 담고 있죠. 알파고 때문에 사람들이 다 알게 된 AI가 바로 이런 기술의 발전을 담고 있는 현실적인 증거입니다. 2016년 세계경제포럼에서 이런 주장이 나왔습니다.

세계 일곱 살 아이들의 65%는 지금 없는 직업을 가지게 될 것이다(『중앙일보』, 2016년 1월 20일).

미래학자 앨빈 토플러Alvin Toffler는 한국 학생들은 미래에 필요하지 않은 지식과 존재하지도 않을 직업을 위해 하루에 15시간씩 공부하고 있다고 지적한 적도 있었죠. 여러분도 이런 고민을 해본 적이 있을 겁니다. '세상은 바뀌는데, 나는 바뀌지 않는 것 같아. 시대에 뒤떨어지고 있다는 건 아는데 따라갈 수가 없네.' 기술의 진보가 우리가 따라갈 수 있는 속도보다 빠를 때 저절로 들 수밖에 없는 생각이죠.

한편으로는 리프킨과 같은 주장이 말도 안 된다는 사람들도 있습니다. 인구감소로 노동력 부족 사태가 왔으면 왔지 노동이 필요 없는 사회라는 건 오지 않는다는 거죠. '노동력이 필요 없는 사회란 공상과학에서나 가능한 일이다!'

그런데 인구감소 때문에 오히려 노동력이 부족한 상태에 이를 것이라는 주장이 옳다면 정책적 차원에서 볼 때 두 가지 맹점이 있습니다. 첫째는 장기적으로 국가가 굳이 일자리 창출이라는 과제에 나설 필요가 없다는 것이고, 둘째는 인구감소가 국가적 문제라고 외치는 입장에서 볼 때 인구감소로 일자리 문제를 해결한다는 건 논리적·실천적으로 말이 안 된다는 것이죠. 여기저기서 들려오는 일자리 창출이 절실히 필요하다는 주장 자체가 실제로는 일자리, 노동을 필요로 하는 곳이 줄어들고 있다는 현실을 반증하는 겁니다.

돌이켜보면 '완전고용'을 약속했던 산업사회 시대에 중심산업은 제조업이었습니다. 노동자들이 공장에서 일자리를 얻고 거기서 임금을 받는 구조였죠. 그런데 이미 1960년대부터 이 공장에 자동화 바람이라는 것이 불었고, 자동화 설비시설이 노동력을 대체해나가고 있었습니다. 리프킨이 1996년에 '노동의 종말'을 명시적으로 선언했지만, 1960년대부터 군나르 미르달Gunnar Myrdal 같은 이들은 기술의 발전이 이른바 '언더클래스underclass', "직업이 없거나 언제나 직업을 잃을 수 있는, 그리고 충분히 일할 거리가 없는 계층"을 만들어낼 거라고 예언한 바 있습니다. 더군다나 이들이 노동할 수 없게 되면서 "점점 더 전반적으로 국가와 분리된 희망 없는 삶을 살게 될 뿐만 아니라 그들의 삶, 야망, 업적 등을 공유할 수 없게 되는 상태"에 이를 거라고 하는데, 놀랍게도 이런 일이 현재 우리 주변에서 일어나고 있지요.*

지난 미국 대통령 선거에서 트럼프가 외국으로 나간 공장을 국내로 돌리겠다고 약속했지만, 실제 이런 일이 일어난다 하더라도 정말 일자리가 늘어날까요? 발전된 국가에서 고임금 비용 문제를 생각해본다면, 결국 이런 시설들의 일자리는 자동화, 소위 로봇들로 대체되고 말 겁니다. 사실 공장 자동화도 이제는 낡은 말이 되었지요. IT기술이 결합된 공장 지능화가 이미 구현되고 있는 상황이니까요.

이런 상황이 적나라하게 드러나는 건 바로 실업률이죠. 그중

---

* Gunnar Myrdal, *Challenge to Affluence*, New York, NY: Random House, 1963, p. 10.

열심히 일하지 않아도 괜찮아!

에서도 청년실업률, 바로 새롭게 시장에 진입하는 이들이 직업을 구하는 데 얼마나 어려움을 겪고 있는지를 보면 더 잘 알 수 있습니다.

여러분, 그거 아세요? 2017년 2월 우리나라가 국제통화기금 구제금융을 받은 이후 최고 실업률을 기록했다는 사실. 당시 실업률은 5%를 넘었고 135만 명이 직업을 구하지 못했습니다. 노동시장에서 일자리를 구하다 포기한 사람은 실업률 통계에 포함조차 되지 않아요. 경제활동인구만 들어간다는 거죠. 이 말은 노동시장에서 일하고 싶어했지만 한 시간도 일하지 못한 사람이 135만 명이었다는 의미입니다(『한국일보』, 2017년 5월 15일). 예를 들어 편의점에서 한 시간도 일하지 못한 사람이 135만 명이라는 거죠. 이 자료를 보도한 매체는 "구조조정 충격이 큰 제조업에서 일자리가 확 줄며, 고용 절벽의 골이 깊어지고 있다"는, 우리가 지금껏 했던 이야기를 원인으로 지적했더군요.

다행이라고 해야 할까요? 2017년 전체 실업자 수는 최종적으로 102만 8,000명(실업률 3.7%)이었다고 합니다. 2016년보다 1만 6,000명(1.6%) 늘어났다는군요. 이게 2000년에 관련 통계를 작성한 이래 최고치였답니다. 그런데 2017년 청년실업률(15~29세)을 보면 더 어이가 없어요. 실업률은 9.9%이고 실업자 수는 43만 5,000명, 체감실업률은 22.7%에 달합니다(『한겨레』, 2018년 1월 10일). 이 체감실업률은 '근로시간이 주당 36시간 미만이면서 추가로 취업을 원하는 근로자'와 '비경제활동인구 중 지난 4주간 구직활동을 했지만 취업이 불가능한 경우'를 모두 실업자로 보고 계산한 겁니다. 이 지표에 따르면 일자리를 못 구했거나 일거리가 충분치 않았던 청년들이 22.7%였다는 거죠.

그런데 2018년 우리나라 고용 관련 지표는 조금 더 절망적입니다. 통계청 발표를 보면 지난 8월 우리나라의 총 실업자 수는 113만 3,000명이고 청년 실업은 10.0%라고 합니다. 상황이 계속 나빠지고 있는 거죠. 사실 더 아쉬운 건 세계적 맥락 속에서 2017년에 드러난 고용동향이에요. 2017년 전 세계적으로 보면 경제가 좋아지면서 고용에 따뜻한 바람이 분 거죠. 다행히 우리나라도 글로벌 경제의 분위기를 타며 경기가 조금 나아졌습니다. 그런데 OECD 국가 중에서 유독 우리나라만 실업률이 상승하고 있다고 합니다. 경기회복이 고용개선으로 이어지지 않은 거죠. 이런 고용상황에서 한번 노동시장으로 밀려났다고 생각해보세요. 실제 우리나라에서 실업급여를 받은 사람들 중에 재취업을 하는 사람들은 30% 안팎이고 70% 정도가 노동시장으로 재진입하지 못하고 있는 게 현실입니다.

자, 그래서 묻는 겁니다. 노동하고 싶어도 노동할 수 없는 사람들이 늘어나는, 노동하는 삶 자체가 어려운 시대의 사람들을 향해, 우리가 노동을 분배의 기준으로 삼는 것이 정말 '효과적'인가? 이에 더해 과연 '정당한' 것인가?

왜 노동 '밖' 분배인가?

이제 지금까지 이야기해온 것들을 정리해볼까요? 저는 우리가 전통적인 분배의 기준으로 삼아왔던 노동이 미래에도 여전히 유효할까 하는 문제의식을 공유하면서 이제 분배에 대한 상상력을 노동 '밖'으로 발휘해보자고 제안했습니다. 그러면서 이런 제안을 하는 데 있어 몇 가지 배경을 제시했지요.

그 첫 번째는 '소비사회'였습니다. '소비'가 미덕인 사회에서 '노동'이라는 윤리가 강요되는 이유는 무엇일까요? 우리는 늘 노동하는 자들을 우대하고 노동 그 자체를 신성한 것으로 여겨왔습니다. 그런데 이렇게 말하고 나니까 조금 웃기네요. '노동절'이라는 말이 싫어서 '근로자의 날'이라고 부르는 나라에서 노동을 우대하고 신성시한다는 말을 하는 게 말이죠. 사실 얼마나 많은 부모가 자식들을 평범한 노동자로 키우려고 할까요? "내 딸은, 내 아들은 노동자야!" 이렇게 자랑스럽게 말할 사람이 얼마나 될까요? 이 노동이라는 말이 우대받고 신성시되는 영역이란 결국 "국가에서 받는 어떤 혜택이라도 노동하는 자만이 자격이 있다"는 발상과 연결되어 있습니다. 결국 소비사회에서 엄격한 노동윤리란 사회적으로 배제해야 할 집단을 위해 존재하는, 조금은 기만적인 이데올로기라는 겁니다.

두 번째는 기술사회였지요. 기술은 우리 생각보다 빠르게 발전하고 있습니다. 이 기술의 발전이 인간의 노동력을 대체하는 시기가 곧 닥쳐올 거라는 거죠. 생산의 자동화를 넘어 생산의 지능화까지 이루어지고 있는 현실을 직시하자는 겁니다. 한 보도에 따르면 "2015년 국제적인 컨설팅업체 보스턴컨설팅그룹은 한국을 산업용 로봇 채택에 가장 적극적인 나라로 꼽았다. 보스턴컨설팅그룹은 한국이 현재도 로봇 채택에 세계 최선두 그룹이지만, 2025년엔 제조업 노동력의 40%를 로봇으로 대체하고, 로봇으로 인해 향후 10년간 인건비를 33% 감축할 것이라고 전망"했다는군요(『한겨레』, 2017년 3월 17일).

세 번째는 기술의 진보와 결합된 소비사회가 극단적인 양극화 사회로 치닫고 있는 현실입니다. 돌이켜보면 3대 7 사회, 2대 8 사회라고 부르던 게 엊그제 같은데, 이제 1대 99 사회라는 표현까지 등장했지요. 이런 표현의 진화가 양극화의 심화를 그대로 반영하고 있다는 생각이 듭니다. 이런 양극화 사회에서는 일부 계층의 사람들만 소비능력을 갖추게 되겠지요. 소비사회에서 소비할 능력이 없는 자의 삶은 필연적으로 적절한 공적 보호가 없는 삶으로 이어지고 맙니다.

누군가는 소비능력을 갖추고 싶다면 열심히 일하면 될 것이라고 말할 겁니다. 이런 주장에는 필수적인 전제조건이 붙어야 합니다. **일하고자 하는 사람이라면 누구에게라도 일자리가 있어야 한다**는 것이죠. 하지만 지금 우리나라에는 110만 명이 넘는 실업자들이 있습니다. 어떤 이들은 말할 겁니다. '요즘 애들은 너무 편한 일자리만 찾아. 뭐라도 해라! 중소기업에서는 구인난이라고 하는데.' 맞는 말일 수도 있습니다.

2017년에 발간된 OECD 고용동향을 보면 2016년 한국의 노동자들은 평균 2,069시간을 일했습니다. OECD 35개 회원국 평균이 1,764시간이었는데 말이죠. 우리 노동자들이 305시간이나 더 일한 셈입니다. 법정 노동시간이 8시간이니 한국 취업자는 OECD 평균보다 1년 365일 중 다른 나라 노동자들보다 38일을 더 일한 겁니다. 그런데 그 노동자들의 중간연봉이 '2,225만 원'이었습니다. 그분들이 말씀하시는 '뭐라도 해라'에 해당하는 직군은 대부분 비정규직일 겁니다. 비정규직 근로자의 월 평균 임금은 156만 5,000원이었습니다. 연봉으로는 1,876만 원 정도죠. 그런데 우리나라의 대학진학률은 70% 이상입니다. 여기에 가난한 학생들은 학자금 대출을 받아야만 하죠. 학자금 대출을 1,500만 원 정도 받았다고 하면 연봉 2,225만 원 또는 1,876만 원을 받아 어떻게 갚을 수 있을까요?

생산자들의 사회에서 소비하지 못한다는 사실은 아무런 문제도 아니었습니다. 하지만 소비 천국의 사회에서, 소비할 수 있어야 무엇이라도 대접받는 사회에서 '무슨 일이라도 해라'라는 말은 옳지 않습니다. 소비가 가능한 수준의 충분한 소득이 될 수 있는 일자리를 찾는 건 당연한 일입니다.

이렇게 말하니 정말 우리나라 사람들이, 특히 청년들이 어려운 일은 전혀 하지 않는 것처럼 들릴 수도 있겠네요. 2016년 우리나라에는 통계청 기준 664만 명(32.8%), 한국노동사회연구소 기준 874만 명(44.5%)의 비정규직 노동자가 있었습니다. 한국 비정규직 노동센터의 기준으로는 870만 명 정도입니다(『한겨레』, 2017년 1월 13일). 이렇게 통계수치가 차이 나는 이유는 정부가 '임시일용직' 245만 명을 정규직에 포함시켜놓았기 때문입니다. 정부는 파견·용역·호출 등의 형태로 일하는 사람들은 비정규직이 아니라고 하네요. 지하철에서 스크린도어를 점검하고 수리하다 청년 노동자들이 사망했다는 기사를 종종 본 적이 있을 겁니다. 이들이 주로 용역업체 직원들입니다. 정부 통계에 따르면 이들은 비정규직이 아닙니다. 이게 노사정 합의라고 한다니 그저 웃길 따름입니다. 어쨌든 이 사람들의 숫자만큼 뭐라도 하고 있는 사람들은 우리 주변에 널려 있습니다. 마트에 가볼까요. 주차장에 들어설 때부터 푹푹 찌는 더위 속에 일하고 있는 용역직 주차요원과 마주치죠. 또 카트를 밀고 있는 일용직 노동자와 물건을 정리하고 계산대에서 일하는 계약직 단시간 노동자들을 쉽게 볼 수 있지요. 심지어 문화센터에서도 아이들과 놀

아주는 기간제 비정규직 노동자가 일하고 있습니다. 그 마트의 푸드코트에서는 과연 정규직 노동자가 일하고 있을까요?

이렇게 열심히 일하는 분들에게 넉넉한 소비능력이 있는지는 모르겠습니다. 열심히 일한다는 것과 소비능력이 있다는 것. 정말 이 양자 간에 비례적 관계가 존재하긴 하는 걸까요? 아니 이분들 중 상당수는 열심히 일해도 가난해지는, 말도 안 되는 경험을 하고 있을지도 모릅니다. 2014년에 한 어머니가 두 자녀와 함께 연탄가스에 질식해 사망한 사건이 있었습니다. 생활고를 비관한 자살이었죠. 그런데 이 어머니, 주인집 아주머니에게 이런 메시지를 남겼습니다. "죄송합니다. 마지막 집세와 공과금입니다. 정말 죄송합니다." 당시 60세였던 이 아주머니는 식당에서 열심히 일하며 살았습니다. 큰딸은 병을 앓고 있었지만 치료비가 없었고, 작은딸은 알바를 하고 있었지만 신용불량자였습니다. 그 와중에 아주머니가 몸을 다쳤습니다. 그리고 한 달 만에 가까스로 유지해오던 생활이 무너져 내렸습니다. 바로 여러분이 잘 알고 있는 송파 세 모녀 사건의 실체입니다. 과연 이 아주머니가 열심히 일하지 않아서 이런 일이 생긴 걸까요? 이처럼 열심히 노동한다는 것과 삶을 유지할 수 있다는 것 자체에도 그 연관성이 없을 때도 있을진대, **우리가 얼마나 열심히 노동하느냐에 소비능력이 달렸다고요? 그건 우리가 알고 있는 가장 크고 나쁜 거짓말입니다.** 그 거짓말이 열심히 노력하는 사람들의 삶을 게으른 자들로 만들고, 때로는 사회적으로 외면해도 좋을 비도덕적 인격체로 만들어버리기 때문입니다.

그런데 우리가 만드는 정책은 여전히 노동 중심적이기만 합니다. '노동하는 자만이 자격이 있다, 그러므로 일자리를 많이 만들겠다.' 그래서 일자리창출위원회가 만들어졌습니다. 하지만 보세요. 이 위원회가 실제 하고 있는 일의 상당 부분은 새로운 일자리가 아니라 비정규직을 정규직으로 돌리는 겁니다. 만약 이런 일이 일자리 창출이라면, 지금 874만 명의 비정규직 노동자들은 제대로 된 일자리가 없는 사람들입니다. 거기에 113만 명의 실업자들까지 있지요. 이 나라의 사람들 1,000만 명가량이 이런 상황에 놓여 있습니다.

정부정책만이 아닙니다. 우리 역시 마찬가지죠. 우리는 알게 모르게 늘 일하는 자들만이 국가의 혜택을 받을 자격이 있다고 생각합니다. 그것이 우리가 만들어놓은 사회적 공감대일 수도 있습니다. 하지만 탈산업사회에서 일하는 자들만이 그런 자격이 있다고 말하는 건, 더는 '윤리'가 아니라 의도하지 않은 '편견'이거나 악의적 '이데올로기'일 수도 있습니다. 저는 소비능력이 있는 자의 노동하지 않음을 비난하는 사람들을 거의 보지 못했습니다. 하지만 그 사람들의 속내를 알지도 못하면서 소비능력이 없는 자의 노동하지 않음은 도덕적 비난의 대상이 됩니다.

무엇보다 이런 발상은 정책적 차원에서도 논리적·실천적 모순을 드러냅니다. 정작 도움이 필요한 사람은 노동의 세계에서 배제당한 사람들, 분배의 기회가 없는 사람들이기 때문입니다. 그래서 여러분에게 제안하고 싶습니다. 이제 우리의 분배제도와 정책의 상상력을 노동 '밖'으로 꺼내보자고. 바로 이 노동 '밖'으로 나간 분배의 대표적인 예가 이 자리에서 여러분에게 소개해드리려는 '기본소득'과 '기초자본'입니다.

'권리'로 분배하는
'조건 없는' '실질적' 소득

이 강의에서 소개해드리는 기본소득과 기초자본은 둘 다 기존의 분배체계에 의심을 품고 있다는 점에서는 동일하지만, 그 방식에 있어서는 서로 완전히 상이한 분배제도입니다. 그 상이한 방식에 대해서는 나중에 자세히 설명드릴 테니 생략하고, 이 두 분배의 상상력이 공유하고 있는 지점을 말씀드리고 싶습니다.

우선 기본적으로 기본소득과 기초자본을 주장하는 분들은 분배가 우연성에 의해 좌우되는 것에 반대합니다. 예를 들어 출생은 순전히 우연한 요소입니다. "부자 부모 밑에서 태어나는 것도 실력이다." 몇 년 전 정유라가 했던 말에 수많은 사람이 분노했죠. 누구나 아는 겁니다. 그게 실력이 아니라는 걸. 하지만 정유라는 그저 어이없을 정도로 어리석었던 겁니다. 그걸 대놓고 말할 수 있을 정도로.

제법 부유한 가정에서 태어나 물려받을 것이 있는 사람이라면, 알게 모르게 자신만이 부모의 재산을 물려받을 자격이 있고, 거기에 국가가 많은 세금을 물리는 것에 반감이 있을 겁니다. 가난한 집 아이들에게 연민을 느낄지는 몰라도 내심 이렇게 말하고 있을지도 모릅니다. '그게 네 운명이야, 어쩔 수 없는 거야.' 이런 우연함을 교정하려 국가가 개입이라도 할라치면 이렇게 말하죠. '왜 내 것을 게으름 탓에 가난한 이들에게 나눠주려 하느냐. 정부가 개입하는 것은 잘못이다.'

가난한 부모를 만난 이들에게 나눠줄 수 있는 최선의 마음은 이 정도일지도 모릅니다. '할 수 있는 최선을 다해보렴. 네 인생이 나아질지도 몰라.' 이게 솔직한 마음이라면 너무 적나라한가요. 걱정 마세요. 그래서 제도가 있는 겁니다. 때로 어떤 솔직한 마음은 제도로 제약되어야 합니다. 정당한 사회는 우연함을 분배의 주된 기준으로 삼지는 않지요. 마음속으로야 우리가 어떻게 생각하든 그게 옳지 않다는 건 정유라에 대한 반감이 이미 다 말해주고 있는 겁니다.

또한 이들은 빈곤층의 삶의 개선을 '사회적 효용의 개선, 혹은 극대화'로 바라보는 것에 반대합니다. 공리주의라고 부르는 발상이 여기에 해당하죠. '행복을 추구하고 고통을 피하라'는 공리주의만큼 인간에게 본능적으로 호소하는 사회사상은 없을 겁니다. 공리주의의 탁월한 점은 이성과 감성 모두에 호소력을 갖는다는 겁니다. '효용을 강조하는 사람들은 다 시장주의자'라는 식으로 내몰리지만 실상 많은 공리주의자가 사회적 재분배에 찬성합니다. '사회적 재분배가 빈곤층이 좀더 생산적인 활동을 하도록 도울 것이다.' 빈곤층을 돕는 게 사회적 효용을 개선하거나 극대화할 것이라는 입장입니다.

그런데 이 입장에 문제가 하나 있습니다. 만약 '빈곤층을 돕는 것이 사회적 행복을 개선하거나 극대화하지 못한다'는 결과가 나온다면 어떻게 될까요? 공리주의자들은 결과주의자들입니다. 1980년대까지 서양에서 사회적 재분배는 시민권에서 '사회적 권리'의 일부였습니다. 시민이라면 당연히 받을 자격이 있는 권리의 산물이었던 것이죠. 하지만 '포스트 민주주의' 시대를 적나라하게 묘사한 콜린 크라우치Colin Crouch를 비롯해 많은 이가 지적하듯, 이 권리는 이제 우리가 시장에서 구입해야 할 상품이 되어버렸습니다. '물질적 재분배가 사회적 행복의 극대화에 방해가 된다'는 신자유주의 이데올로기가 세계를 장악해버린 탓이었습니다. 결국 빈곤층의 삶의 개선이 효율적이지 않다는 발상이 지배적이라면, 이들의 삶은 결코 보호될 수 없는 영역으로 내몰리고 말겠지요.

이런 점에서 이들은 새로운 분배가 '권리', 특히 한 정치공동체에 속했다는 성원권membership으로 주어져야 한다고 주장합니다. 새로울 것이 없는 발상이죠. 19세기 말 산업사회가 복지사회로 향할 때 우리가 이미 공유했던 발상입니다. "복지 혜택이 구성원의 '권리'로 주어진다면 누구도 소외되지 않을 것이다"라는 아이디어가 깔려 있는 겁니다.

이들이 공유한 두 번째 발상은 '누구에게라도 조건 없이' 일정 수준의 분배가 이루어져야 한다는 것입니다. 부자들에게도 나눠주라는 이들의 주장은 언뜻 기이하게 들립니다. 하지만 인류사에서 복지의 시작은 '누가 얼마나 가졌는가'라는 자산 중심의 분배가 아니었습니다. 베버리지William Henry Beveridge가 말하듯 '요람에서 무덤까지' 모두가 공유하는 보편적인, 시민의 자격 외엔 아무 조건도 없는 것이었습니다. 실질적으로는 건강한 노동력의 확보가 목적이었지만, 표면적으로는 노동을 하건 하지 않건 인간으로서의 존엄성을 지키는 것이었다는 점에서 이것 역시 알고 보면 온전히 새로운 발상은 아닌 것이죠. 이런 점에서 새로운 분배주의자들은 '노동'을 요구조건으로 내걸지도 않습니다. 오히려 이들은 새로운 분배가 인간이 소유한 자유를 실질적으로 향유할 수 있게 만드는 기반이어야 한다고 주장합니다. 이런 맥락에서 기초자본의 형태 중 하나인 사회적 지분을 주장했던 브루스 애커먼Bruce Ackerman과 앤 알스톳Anne Alstott은 기본소득과 기초자본이 기반을 두고 있는 '자유'에 대해 이렇게 말합니다.

우리는 특정 계층에 대한 자선이 아니라 모든 사람의 자유를 추구한다. 우리는 개인에 대한 존중은 개인의 선택에 대한 존중을 의미한다고 믿는다. 개인이 집에서 일하든 직장에서 일하든 전혀 일하지 않든 존중받아야 한다고 믿는다.*

마지막으로 이들이 공유하고 있는 지점은, 권리만을 주는 것이 아니라 실질적인 소득을 분배하라는 겁니다. 남아공 케이프타운에서 NGO 주최로 열린 주거권 워크숍에서 실무자들이 청중에게 집을 가질 권리에 대해 열심히 설명했다고 합니다. 몇 시간 동안 설명을 다 듣고 난 한 노인이 피곤한 기색이 역력한 채로 이렇게 말했다는군요. "나는 집에 대한 **권리**를 원하지 않습니다. 나는 **집**을 원합니다."** 한마디로 사람들에게 필요한 걸 나눠주자는 거죠. 한데 탈무드에 이런 이야기가 있습니다.

---

* Bruce Ackerman & Anne Alstott, "Why Stakeholding?", in *Redesigning Distribution*, London, Verso, 2006, p. 44.
** 제임스 퍼거슨 지음, 조문영 옮김, 『분배정치의 시대』, 2017, 110쪽.

'물고기 대신 물고기 잡는 법을 알려줘라.' 돈 대신 돈 버는 법을 알려주라는 거죠. 맞는 말입니다. 물고기를 잡을 낚시터가 충분히 있다면 말이죠. 하지만 물고기 잡는 법을 아는 사람들은 넘쳐나는데 정작 물고기를 잡을 데가 없다면 어떻게 될까요? 여전히 낚시터를 가리키며 물고기 잡는 법을 알려줘야 할까요? 아니면 차라리 물고기를 그냥 줘야 할까요? 논리적으로도 실질적으로도 아무 조건 없이 물고기를 주는 게 맞는 것 아닐까요? 하지만 우리는 여전히 물고기를 그냥 나눠줘서는 안 된다고 말합니다. 성경의 한 구절처럼 '일하지 않는 자, 아무런 자격이 없다'는 거지요. 성경의 말씀, 탈무드의 지혜는 여전히 유효한 것일까요?

PART 2

왜 우리는 그저 열심히 일해야만 할까?

201

우리가 원하는 것은
자율적인 노동이지
일하지 않는 것이 아니다.
지금은 우리가 이룬
기술의 진보를 어떻게
복지로 연결할 수 있을까
고민해야 할 때다.
조건 없는 기본소득은
자동화에 대한 일종의
이익배당금이나 마찬가지다.

다니엘 헤니·필립 코브체

우리는 청년들이 의미 있는
자산을 갖지 못하고
새로운 책임을 떠안은 채로
인생을 시작하며 맞게 되는
명백한 곤경을 무시하는
커다란 실수를 하고
있는 것은 아닐까?
우리는 단연코
노동가치 이론을 거부한다!

브루스 애커먼·앤 알스톳

203

투명인간을
양산하는 사회

"이분들은 태어날 때부터 이름이 있었지만,
그 이름으로 불리지 않습니다. 그냥 아주머니입니다.
그냥 청소하는 미화원일 뿐입니다.
한 달에 85만 원 받는 이분들이야말로 투명인간입니다.
존재하되, 그 존재를 우리가 느끼지 못하고
함께 살아가는 분들입니다."

고故 노회찬 의원의 6411번 버스 연설

대한민국의 현실

- 국내총생산GDP : **전 세계 11위**
- 1인당 국민소득 : **2만 9,745달러**(약 3,363만 6,000원)
- 실업자 수 : **113만 3,000명**(2018년 8월 기준)
- 비정규직 노동자 수 : **870만 명**
- 신용불량자 수 : **150만 명**
- 신용불량자 10명 중 4명 : **500만 원 이하의 소액대출자**
- 결식 우려 아동 : **33만 명**

기업은 되고
우리는 안 된다?

"저는 가장 적게 일하고, 가장 많이 누리고 싶어요.
기업은 가장 적은 비용으로 가장 많은 이윤을 올리면
칭찬받는데, 왜 우리는 그러면 안 되는 거죠?
그냥 하고 싶은 일, 하고 싶은 만큼 하며 살고 싶어요!"

정의론 강연회에서 어느 여고생이 한 말

의미 없는 노동에 길들여진 열망은 오히려 세계를 망가뜨린다.

— 다니엘 헤니·필립 코브체

본격적으로 기본소득과 기초자본에 대해 이야기하기 전에, 노동 밖 분배로 나가기 위한 발상의 전환을 시도해보려 합니다. '정말 열심히 노동할 필요가 없는 걸까?' 이 발상의 전환을 다음 세 단계로 해보는 건 어떨까요?

첫째, 노동이란 무엇일까? 왜 노동이 중요할까?

둘째, 왜 '노동'이 억압이 되었을까?

셋째, 강요된 노동을 벗어난 자율적 노동은 가능할까?

'노동'의 의미

제가 지금까지 "왜 꼭 그렇게 열심히 일해야 할까요, 그럴 필요 없습니다"라고 말씀드려도 여전히 설득이 되지 않는 분들이 대다수일 겁니다. 어쩌면 여러분은 지금까지 "열심히 일하지 않아도 괜찮아. 그건 나쁜 일이 아니야"라는 말을 들어본 적이 없을지도 모릅니다. 제가 여러분에게 말씀드리는 핵심은 생계를 위한 노동, 그래서 강요된 노동을 할 필요가 없다는 의미입니다.

근대 세계에서 노동의 의미를 돌이켜보면, 노동은 그 자체로 참 좋은 의미를 지니고 있었습니다. 예를 들어 '노동가치론'의 원조인 존 로크John Locke를 볼까요? 사실 많은 분이 노동가치론이라고 하면 다들 마르크스Karl Marx부터 떠올리곤 하죠. 하지만 '노동가치론'의 원조는 자유주의 사상의 창시자라고 할 수 있는 로크입니다. 로크는 『통치론Two Treatises of Government』(1689)에서 이렇게 말합니다.

> 그의 신체의 노동과 손의 작업은 당연의 그의 것이라고 할 수 있다. (……) 그가 자연 안에 놓여 있는 것에 자신의 노동을 섞어 자신의 것을 보태면, 자연의 대상물은 노동한 자의 소유가 된다. (……) 자신의 노동으로 땅을 획득하는 사람들은 인류의 공동자산의 가치를 줄이는 것이 아니라 오히려 증대시키는 것이라는 논점을 덧붙이고자 한다. 똑같은 비옥도를 가진 1에이커의 땅이 있다고 할 때, 개간된 땅에서 생산되는 식량은 개간되지 않은 채 방치된 땅에서 생산되는 양의 10배 이상이나 되기 때문이다.*

노동이 사적 소유의 유일한 근거이며, 그 이유는 노동이 자원을 써서 소모하는 것이 아니라 더 풍부한 실질적 가치를 만들어내는 행위이기 때문이라는 거죠. 쉽게 말하자면 하느님이 주신 이 세계를 더욱 풍요롭게 만드는 행위라는 겁니다. 그러니 마땅히 노동은 신성한 행위의 일부가 되는 거죠.

노동으로부터 인간을 해방시키려 했다는 오해를 받고 있는 마르크스 역시 마찬가지였습니다. 존 로크, 애덤 스미스Adam Smith로 이어지는 노동가치론을 물려받았을 뿐만 아니라, 노동을 인간과 자연의 창조적 상호활동으로 이해했던 헤겔적인 발상을 물려받았던 마르크스에게 노동은 그 자체로 훌륭한 것이었습니다. 여러분이 상상할 수 있듯이 인간 최초의 생산활동은 자연과 서로 상호작용하면서 이루어졌습니다. 노동은 인간이 자연과 관계를 맺는 과정이었을 뿐만 아니라 노동을 부여함으로써 자연을 변화시키고 동시에 자신의 본성도 변화시키는 일이었죠. 노동을 통해 인간은 자신의 내부에 감추어져 있는 놀라운 창조적 잠재력을 발견할 수도 있습니다. 예를 들어 야금술은 너무나 창조적인 기술이어서 루소는 도대체 누가 이런 기술을 만든 건지 감탄해 마지않지요. 인간은 이렇듯 자연에 대한 창조적 노동을 통해 자신을 더욱 발전시켜나갈 수 있습니다.

* 존 로크 지음, 강정인·문지영 옮김, 『통치론』, 까치, 1996, 제5장 참조.

마르크스는 우리가 인간적인 방식으로 이상적인 노동을 할 때 다음과 같은 네 가지 결과를 볼 수 있다고 합니다.

첫째, 생산과정에서 나의 창조성을 즐길 뿐 아니라 타자에게 보여줄 수 있는 물건을 만듦으로써 자신의 개성을 객관화할 수 있는 즐거움을 가질 수 있습니다.

둘째, 자신이 만든 물건을 다른 사람들이 쓰는 것을 보며 자신의 노동이 다른 이들의 필요에 부응했다는 점에서 즐거움을 느끼게 됩니다.

셋째, 다른 사람이 내 물건을 자신의 일부처럼 쓰는 것을 보며 내가 다른 사람의 필요한 부분이라고 느끼게 되고, 이런 느낌을 통해 다른 사람으로부터 사랑받고 있음을 알게 됩니다.

넷째, 노동을 통해 내 삶을 표현하면서 동시에 다른 사람들의 삶의 표현도 발견하게 되기에, 내가 이 인류의 한 부분이라는 본질, 쉽게 말해 나의 공동체적 본질을 발견하게 됩니다. 이런 점에서 노동은 자연과의 관계 맺기인 동시에 다른 인간과의 관계 맺기의 근원이 되는 거죠.

자본주의 사회,
왜곡된 노동

문득 여러분은 이렇게 생각할 수도 있을 것 같습니다. '아니 이런 노동을 왜 열심히 하지 말라는 거야?' 그 이유는 노동과 자본주의의 만남에 있습니다. 여러분도 아시다시피 자본주의는 이익을 추구하는 행위로 만들어져 있습니다. 이윤을 극대화하기 위해 조직을 체계적으로 만들고, 조직 구성원이 행하는 일의 효율을 극대화하려는 성향이 있죠.

여러분, 혹시 관료주의라고 부르는 것, 그게 어디서 탄생했는지 아시나요? 우리는 관료조직을 비효율성의 대상으로 보지만 사실 이 관료주의가 탄생한 곳은 국가가 아니고 기업이었습니다. 베버Max Weber가 지적하듯 이윤을 극대화하기 위해 노동을 가장 효율적으로 분배해야 했던 기업에서 만들어놓은 조직구조였던 거지요. 이게 영토 내에 경쟁자가 없는 국가로 이식되면서 비효율적인 것의 대명사로 여겨지지만, 사실 지금도 모든 기업조직은 노동의 효율적 분배를 목적으로 삼고 있죠. 여전히 기업 역시 관료적 모델이라는 겁니다.

노동의 효율적 분배와 맞물려 확장된 것이 바로 우리가 너무나 잘 알고 있는 '분업'입니다. 애덤 스미스는 『국부론The Wealth of Nation』(1776)에서 핀을 만드는 과정을 통해 분업의 효과를 설명하지요. 그런데 자본주의가 이윤의 극대화를 위해 추구한 노동의 분배와 분업이 전통적인 노동의 의미를 파괴해버리고 맙니다. 분업은 더 많은 상품을 만드는 데 도움이 되지만, 이제 노동은 나의 개성을 표현하는 일도, 타자의 삶의 표현을 확인하는 방법도 아닙니다. 분업화된 세계 속에 노동자들은 다른 노동자들과 경쟁하며 자신의 노동력을 팔아야 합니다. 자신의 노동력을 팔지 못하게 되면 우리가 흔히 '실업자'라고 부르는 사람이 되는 거죠.

그런데 여러분, 이 사실을 아시나요? 애초에 인간은 매일매일 '열심히' 일하는 데 익숙하지 않았다고 합니다. 근대가 시작될 무렵의 인간들만 해도 그랬다는군요. 18세기에 방적기를 만들어냈던 리처드 아크라이트Richard Arkwright가 이를 두고 격렬하게 불만을 털어놓았다고 합니다.

'사람들이 들쭉날쭉한 노동습관을 버리고 정교한 기계작업의 일관된 규칙성을 따르도록 가르치는 일'은 어려웠다. 정교한 기계작업이 능률적으로 이용되려면 지속적인 감독이 필요했다. 그러나 시골 사람들은 하루에 열 시간 넘게 공장에 갇힌 채 기계를 쳐다볼 생각이 없었다.*

* 지그문트 바우만 지음, 이수영 옮김, 『새로운 빈곤』, 천지인, 2010, 22쪽.

그렇습니다. 애초에 인간들은 하루에 열 시간을 공장에서 일하며 시간을 보내는 데 관심이 없었어요. 하지만 일할 사람들이 필요했던 자본은 값싼 노동력을 모으기 위해 사람들에게 이렇게 소리쳤던 겁니다. "열심히 일하라. 일하지 않는 자는 먹지도 말라. 일하지 않는 자는 부도덕한 인간이다." 우리가 알고 있는 노동윤리가 탄생하는 순간이었던 거죠. 바우만은 빈곤층을 일하게 하는 것, 스스로 게으른 자들을 일하게 하는 것이 경제적 과제이자 도덕적 과제였다고 지적합니다. 그래서 이들은 "노동자들은 물정 모르고 제멋대로인 아이들과 같아서 스스로 자제할 수 없고, 무엇이 옳고 무엇이 그른지, 자신에게 무엇이 좋고 무엇이 해로운지 구별할 수 없다"며 통제해야만 할 대상으로 설정해버리죠. 이제 노동하지 않는 사람은 타락한 자가 되어버리고, 이런 사람은 사회가 수용할 수 없는 자들이 되어버린 겁니다.

이런 '노동윤리'의 강요 속에 노동자들은 이윤을 생산하기 위한, 자율적 노동이 아닌 강제적 노동 속으로 빠져버리고 맙니다. 노동윤리는 모든 사람이 일해야 한다고 말하고, 모든 사람이 일하는 세상에서 노동자들은 서로 경쟁의 굴레에 빠지게 되는 거죠. 한때 산업화 시대가 정점을 찍던 무렵, 직접적인 생산을 담당하는 주체로서 노동자들에게 좋은 날도 있었던 것은 사실입니다. 하지만 완전고용 이론 자체의 적용이 불가능한 탈산업 소비사회에서 노동의 운명은 대다수 사람에게 그저 하나의 생계수단 그 이상도 그 이하도 아닌 것으로 변해버리죠. 게다가 열심히 일하지 않는 사람들을 열심히 일하게 만들기 위해 쓰였던 노동윤리는 앞서 설명했듯이 빈자들을 부도덕한 인간으로 내몰아 우리의 도움이 필요 없는 존재로 만들기 위해 악용되고 있는 겁니다.

물론 사람이 일한다는 것, 노동한다는 것 자체를 거부할 이유는 없죠. 하지만 정말 하고 싶지 않은 강요된 노동이거나, 너무도 장시간의 노동이거나, 내가 들이는 수고만큼 대가가 돌아오지 않는 노동이라면, 그런 노동에 대해서는 생각해볼 필요가 있지 않을까요? 누군가는 이렇게 말할 겁니다. '누구는 하고 싶어서 하냐? 다 하기 싫은 일 하면서 살아간다.' 그런 말을 들을 때마다 묻고 싶습니다. '그래서 당신은 행복하십니까? 만족하십니까? 남들도 그렇게 살았으면 좋겠다는 겁니까?'

『노동의 배신』에서 바버라 에런라이크는 하고 싶지 않은 일, 소위 비정규직 저임금노동을 하는 사람들의 처지를 이렇게 묘사합니다.

일은 우리가 사회에서 '왕따'로 전락하지 않도록 구원해주는 것이었다. 그러나 우리가 하는 일 자체가 왕따의 일로 눈에 보이지 않고 심지어는 역겹기까지 했다. 경비원, 청소부, 단순노동자, 성인의 기저귀를 갈아주는 사람들. 이들은 신분제가 존재하지 않는 민주사회의 불가촉천민들이었다.[*]

이게 에런라이크가 취재한 미국 사회만의 일일까요? 제가 무료로 불평등 강좌를 열었을 때, 이 저임금노동자들이 보이지 않는 존재로서 어떻게 사는지 사례를 든 적이 있었습니다. 그때 어느 수강생이 그러더군요. 그 수강생이 다니는 대학교에서 화장실을 청소하는 아주머니가 화장실에서 쉬고 있더라는 겁니다. 왜 화장실에서 쉬시느냐고 물었더니 용역업체가 '사람들 눈에 띄지 말라'고 했다나요. 실제 저도 쌓여 있는 일 때문에 아침 일찍 학교에 도착하는 때가 잦아요. 아침 6시 반, 아무도 없는 학교에서 유일하게 일하고 있는 분들이 청소노동자들이죠. 왜 그분들은 남들보다 두세 시간 빨리 출근해서 남이 안 볼 때 청소를 해야만 하는 걸까요? 그래서 그분들이 충분한 임금이라도 받는 걸까요? 아니라는 사실을 우리는 다 알고 있죠. 어쩌면 우리 역시 알게 모르게 이분들을 불가촉천민처럼 취급하고 있는 건 아닐까요? 2012년 노회찬 의원이 진보정의당 당대표 수락연설에서 6411번 버스로 출근하는 청소노동자들을 예로 들어 이

[*] 바버라 에런라이크, 앞의 책, 163쪽.

렇게 말했죠.

　이분들은 태어날 때부터 이름이 있었지만, 그 이름으로 불리지 않습니다. 그냥 아주머니입니다. 그냥 청소하는 미화원일 뿐입니다. 한 달에 85만 원 받는 이분들이야말로 투명인간입니다. 존재하되, 그 존재를 우리가 느끼지 못하고 함께 살아가는 분들입니다.

　노동하는 사람은 자격이 있다면서요. 그런데 그 자격이 있는 분들이 왜 투명인간이 되어 살고 있는 것일까요? 그래서 무슨 일이라도 하라고 말하는 분들을 보면 저는 조금 화가 납니다. 본인이 살기 위해 산다고 다른 사람들도 다 살기 위해 살아야 하나요? 만약 그렇게 하지 않아도 인류가 함께 살길이 있는데도 꼭 그렇게 살아야만 하는 걸까요?

강요된 노동은
하지 않아도 괜찮아

　저의 반문에 스위스에서 기본소득운동을 벌였던 주창자들은 이렇게 답할 겁니다. '강요된 노동이라면 하지 않아도 괜찮아.' 몇몇 분은 알고 있겠지만, 실제 스위스에서는 기본소득에 대한 국민투표가 이루어진 적이 있습니다. 이 사실을 알고 있는 분들은 이렇게 답할지도 모르겠네요. '거봐, 거기서 국민들이 기본소득을 거부했잖아!' 네, 스위스 사람들은 국민투표에 붙여진 기본소득을 77%의 반대로 부결시켰습니다.

하지만 기본소득운동을 꾸렸던 스위스의 기본소득운동Basic Income Switzerland 관계자들은 환호성을 질렀답니다. "와, 23%나 찬성하다니!" 스위스같이 기존 복지가 잘 되어 있는 국가에서, 첫걸음마나 다름없는 기본소득에 국민의 23%나 찬성해주다니, 얼마나 놀라운 일인가요! 심지어 '지급액'조차 정해진 게 없었던 기본소득에 23%나 찬성을 해준 겁니다. 맥락을 알고 보면 23%'밖에'가 아니라 23%'씩이나'인 거지요. 역시 숫자는 반드시 맥락을 알고 봐야 그 의미가 명확해집니다. 게다가 한 보도에 따르면 "스위스 여론조사기관인 gfs.bern이 국민투표를 앞둔 5월 24일부터 6월 1일 스위스 유권자 1,000명을 대상으로 설문조사한 결과를 보면, 69%가 '조만간 기본소득에 대한 또 다른 국민투표가 이뤄질 것'이라고 예상했다. 18~29세 중 41%는 '몇 년 안에 기본소득이 도입될 것'이라고 전망"했다는군요(『조선일보』, 2016년 9월 24일).

그런데 이 친구들이 스위스 국민들에게 '조건 없는' 기본소득의 필요성을 설명하기 위해서 책을 썼습니다. 이 책의 첫 번째

장이 참으로 흥미로운데요, 바로 노동을 다루고 있기 때문입니다. 저는 이 친구들이 우리 시대의 노동에 대해 던진 질문이 참으로 의미 있다는 생각이 듭니다. 그래서 이 자리에서 분배의 상상력을 노동 '밖'으로 전환하기 위해, 이 친구들이 왜 강요된 노동이라면 하지 않아도 괜찮다고 생각하는지 같이 알아보려 합니다.

자동화된 세상,
축복일까? 저주일까?

탈산업사회, 제4차 산업혁명에 대한 모든 담론의 중심에는 기술의 급격한 발전이라는 조건이 있습니다. 우리야 이세돌 기사가 알파고와 바둑 대결에 나서서 겨우 한 판을 이기는 모습을 보고서야 새로운 시대를 열고 있는 기술의 발전을 조금 실감했던 것 같습니다. '인공지능이 아무리 발달해도 결코 바둑만은 인간을 이길 수 없어.' 이런 인간의 지적 능력에 대한 우월감이 여지없이 무너져 내린 순간이었죠.

그런데 생각해보면 여러 분야에서 이 인공지능을 단 로봇들이 우리가 살고 있는 실제 세계에 이미 들어와 있습니다. 무인 자동차야 이제 여러분에게 설명하지 않아도 될 겁니다. 여러 분야 중에서도 우리가 가장 관심을 많이 가지고 있는 헬스케어 분야를 보면 인공지능의 성장을 충분히 실감할 수 있죠. 사실 사람을 돌보는 것, 정말 어려운 일입니다. '긴병에 효자 없다'는 말이 있죠. 그만큼 간병이 어렵다는 뜻입니다. 특히 치매환자들……, 정말 심각하죠. 솔직히 저희 아버지도 치매환자였습니다. 두 딸은 출가하고 저는 유학생이었을 때, 오랜 시간 어머니 혼자서 아버지를 돌보시다 결국 요양원에 보냈습니다. 아버지를 돌보다 어머니마저 병이 날까 두려웠거든요. 치매환자를 돌보다 보면, 정말 견디기 힘든 감정이 솟아오릅니다. 오로지 가족에 대한 사랑, 때로는 의무감 그 하나로 버티는 거죠. 그런데 1989년 독일의 프라운호퍼라는 회사가 케어오봇Care-O-bot이라는 제품을 선보였습니다. 곧 실제 상용화 단계로 진입한다는데요, 아무런 감정의 소모 없이 24시간 이들을 돌봐줄 수 있는 로봇들이 온다는 거죠. 그야말로 자동화된 세상이 우리 안방에, 가장 필요한 곳에 있게 되는 겁니다.

자동화된 세계, 어떻게 받아들여야 할까요? 지금까지 제가 여러분에게 설명한 내용을 돌이켜보면 이 자동화된 세계가 여러분의 직업을 빼앗아갈 것입니다. 예를 들어 간병인이나 운전사 같은 직업이 사라질 수도 있는 거죠. 그렇다면 우리는 자동화된 세계를 직업을 빼앗아가는 약탈자로 여겨야 하는 걸까요?

스위스의 기본소득 주창자들은 이 세계가 오히려 축복이라고 말합니다.

> 자동화가 축복이 될 수 있는 궁극적인 이유는 기계의 한 부속품으로 전락해버린 인간이 이제 그런 무의미한 노동에서 벗어나서 의미 있는 노동을 할 수 있게 되었다는 점에 있다. 그러나 오늘날 많은 사람들은 컨베이어벨트 옆에 인간이 설 자리가 없어지고 있다고 탄식만 하고 있다. (……) 지금은 우리가 이룬 기술의 진보를 어떻게 복지로 연결할 수 있을까 고민해야 할 때다.[*]

이들은 말합니다. "자동화된 세계가 우리를 더는 무의미한 노동에서 벗어나 의미 있는 노동을 하게 해줄 것이다. 기계 옆에서 원망하는 대신 기술의 진보를 인간의 삶이 더 나아지는 데 어떻게 쓸 것인지를 고민하는 게 훨씬 생산적이다." 그렇다면 기술의 진보를 어떻게 쓰겠다는 것일까요?

> 조건 없는 기본소득은 자동화에 대한 일종의 이익배당금이나 마찬가지다. 로봇은 소득이 필요 없지만 우리는 소득이 있어야 살

---

[*] 다니엘 헤니·필립 코브체 지음, 원성철 옮김, 『기본소득, 자유와 정의가 만나다』, 오롯, 2016, 41쪽.

수 있다. 그래서 로봇이 우리 일자리를 가져가고 임금이 필요 없는 로봇 대신 우리가 그 임금을 받는 것이다. 곧 로봇이 일을 하는 세상을 만드는 데 기여한 보상을 모두가 나누어 받는 셈이다.[**]

"기본소득을 자동화가 만들어내는 이익배당금으로 보자." "일자리는 로봇에게, 임금으로 쓰일 비용은 인간에게." 이를 두고 '뭔 공상과학이야?' 이렇게 말씀하실 분도 있을 것 같습니다. 하지만 돈 벌고 싶은 사람에게는 '꿈'이나 다름없는 빌 게이츠가 2017년 『쿼츠Quartz』라는 IT 매체와 가진 인터뷰에서 이렇게 말합니다. "로봇을 사용하는 회사가 로봇세를 내라. 이 로봇세를 사회복지에 쓰자."[***] 로봇이 일해서 돈을 못 버는 것이 아닌 이상 세금을 내야만 하고, 로봇이 대체할 직업 때문에 일자리 문제로 고통받는 사람들에게 이 세금을 써야 한다는 게 빌 게이츠의 입장인 겁니다. 자동화된 세계에 대한 빌 게이츠의 입장과 스위스 기본소득주의자들의 의견이 사실상 같은 거지요. 빌 게이츠도 자동화가 어쩌면 인간에게 축복이 될지도 모른다고 이야기하고 있는 건 아닐까요?

[**] 위와 같음.
[***] Kevin J. Delaney, "The robot that takes your job should pay taxes, says Bill Gates", *Quartz* (2017. 2. 18).

일과 생활의 균형?
그건 좋은 것일까?

열심히 일하는 게 그토록 좋은 거라면, 일과 생활의 균형이라는 말처럼 우스운 소리도 없을 겁니다. 요즘 사람들은 이렇게 말합니다. '저녁이 있는 삶을 돌려 달라!' 하지만 '내 저녁을 돌려줘'라는 호소, 하고 싶은 일을 열심히 하고 있는 사람들이 하는 말은 아닐 겁니다. 일과 생활의 균형이라는 이 발상은 일단 일과 생활을 분리해서 보는 입장이 전제되어 있습니다. 이런 사고방식에는 은연중에, 아니 명백하게 일이란 하고 싶지 않은 것, 일이란 생계를 위해 필요한 수단에 불과한 것이라는 논리가 숨어 있습니다. 스위스 기본소득주의자들은 이런 사고방식에 내재한 모순을 그대로 드러냅니다.

일과 생활의 균형은 우리의 노동을 강제노역과 같은 끔찍한 것으로 만든다. 우리를 어떤 때는 부지런하기만 하고, 어떤 때는 게으르기만 한 우스꽝스러운 반쪽짜리 존재로 만들어버린다. 노동의 시간도 여가의 시간도 모두가 삶의 시간이다. 이 둘을 갈라놓으면 노동의 시간은 속박의 시간이, 여가의 시간은 불모의 시간이 되어간다.[*]

그렇습니다. 일과 삶을 갈라놓으면 우리의 노동은 본질적으로 하고 싶지 않은 일을 하는 강제노역이 되어버립니다. 게다가 노동과 삶이 구분되는 순간, 삶의 본질은 여가가 되는 거죠. 한데 삶이 무엇인가를 만들어내는 것이라면, 노동이 생활과 분리될 때 우리의 여가시간은 아무것도 만들어내지 않는, 결실 없는 시간으로 전락하고 마는 겁니다. "노동의 시간도 여가의 시간도 모두가 삶의 시간이다." 가슴을 울리지 않나요. 그런데 우리는 일과 생활, 노동과 삶을 구분하는 발상에 빠져서 헤어 나오질 못하고 있는 것 같습니다.

여러분, 이번에 대통령이 헌법 개정 발의안 내놓은 것 아시죠? 이 개정안 33조 8항에도 "국가는 모든 국민이 일과 생활을 균형 있게 할 수 있도록 정책을 시행해야 한다"는 내용이 있습니다. 이 조항을 만들 때야 좋은 의도였겠지만, 이 조항을 만든 사람조차 이런 구분에서 벗어나지 못하고 있었던 거죠. 국가조차 일과 생활을 분리해 여러분이 삶 그 자체에는 의미 없는 노동을 하고 있다는 사실을 인정하는 걸 보니 씁쓸한 마음 감출 수가 없습니다.

만약 우리가 노동의 시간도 삶의 시간이라는 데 찬성한다면

* 다니엘 헤니·필립 코브체, 앞의 책, 43~44쪽.

우리는 이렇게 물어야 합니다. '일이 삶의 시간이 되려면?' 가장 좋은 방법은 당연히 자율적으로 노동을 하는 거죠. 하고 싶은 일을 하는 삶. 이 말 자체가 일과 생활의 일치, 노동과 삶의 일치를 보여줍니다. 만약 하고 싶은 일을 하며 살아가고자 한다면, 당연히 우리에게 기본적인 자원분배가 보장되어야 하는 것 아닐까요?

게으름은 정말 나쁜 것일까?

그럼에도 많은 사람이 여전히 이렇게 말합니다. '국가가 주는 그 어떤 혜택이라도 노동하는 자만이 받을 자격이 있다.' 이런 발상에는 누구나 노동해야 한다는 일종의 의무화된 편견이 깔려 있습니다. '하기 싫은 일이라도 일을 하는 자만이 자격이 있다.' 이런 태도가 혜택을 받는 자가 보여야 할 최소한의 기본이라는 거죠. 한편 이런 편견에는 '인간은 원래 게으르다. 그래서 억지로라도 일해야 한다'는 또 다른 편견이 숨어 있습니다. 인간은 정말 원래 게으른 걸까요?

네, 그런 것 같기도 하군요. 하기 싫은 일을 하고 있는 사람에게 여가가 주어지면 일을 돌아보려 하지 않기 때문에 무한히 게

을러지는 것도 사실입니다. 한편으로 하기 싫은 일을 하는 사람들은 여가에 광적으로 집착하죠. 그래서 여가조차 뭔가 흔적을 남기며 보내지 않으면 안 되는 일이 되어버리곤 합니다. 예를 들어 '어디에 놀러갔다 왔어'라는 말을 할 수 없다면 여가를 제대로 보낸 것 같지 않다고 느끼게 되는 거죠. 하고 싶지 않은 일을 하는 사람들의 모순적인 삶의 모습입니다.

여기서 묻고 싶은 게 한 가지 있습니다. '게으름은 정말 나쁜 것일까?' '부지런함이 정말 우리의 미덕일까?' 여러분도 아시다시피 동서양을 막론하고 고대사회에서는 부지런함이 노예의 미덕이었습니다. 여유로운 삶 속에서 정치에 참여하고 예술을 창조하는 일이 서양에서는 시민들의 미덕이었고, 동양에서는 선비들의 미덕이었죠. 실제 동서양을 막론하고 '움직이는 몸에 대한 경멸'이 존재했던 것도 사실입니다. 분주히 움직이는 몸으로는 생각하는 삶을 살 수 없다고 믿었기 때문입니다. 'Stop and think.' 일단 멈춰야 생각할 수 있다는 의미죠. 움직이는 몸에 대한 이런 경멸은, 생각할 수 없는 자들은 뭔가 창조적인 일을 할 수 없다는 시각에서 나온 거였습니다. 모든 창조성은 여유라는, 일종의 게으름으로 볼 수 있는 데서 시작되는 거죠. 스위스 기본소득주의자들은 빌 게이츠, 스티브 잡스와 같은 인물들이 빡빡한 교육이 아니라 넉넉하게 충분히 사고할 수 있는 교육환경에서 자랐다는 점을 강조합니다. 그리고 실제 이런 CEO들은 자신의 창조성이 고갈되었다고 생각되면 쉬러 갑니다. 충분히 쉬면서 새로운 아이디어를 창조해내는 거죠.

　이런 말씀을 드리면 꼭 이렇게 답하는 분들이 있습니다. '아니, 그런 여유야 천재들에게나 필요한 거죠.' 맞는 말씀일지도 모르겠네요. 여러분, 존 스튜어트 밀John Stuart Mill이라는 천재가 있었죠. 어렸을 때부터 아버지에게 받은 영재교육은 정말 악명이 높지요. 여러분도 아시다시피 밀이 그 유명한 『자유론On Liberty』(1859)을 썼습니다. 이 천재는 한 사람의 창조적인 천재가 수천 명을 먹여 살릴 수 있다고 생각했어요. 그런데 천재가 창조적이려면 한 가지 조건이 따라붙습니다. 바로 자유롭게 숨 쉴 수 있는 사회적 환경이죠. 천재는 오로지 자유로운 공기 속에서만 타고난 능력을 발휘할 수 있습니다. 『자유론』에서 개별성을 강조하며, 개별성을 억누르는 그 어떤 처사에도 강력하게 반발하면서 편견에 맞서 싸우는 밀의 모습을 볼 수 있죠.

　그런데 천재들이 자유로운 공기 속에서 살 수 있게 하기 위해 밀이 한 일이 뭔 줄 아세요? 천재들에게만 자유로운 환경을 제공했을까요? 아니에요. 모든 사람이 천재들과 똑같은 자유를 가지게 함으로써 이들이 자유로운 분위기 속에서 창조성을 발휘할 수 있도록 한 거죠. '모든 개인은 똑같은 자유를 갖는다.'

밀이 처음 이런 주장을 했을 때 누가 이게 현실화될 것이라고 믿었겠어요. 하지만 우리는 그런 세계를 실현해왔습니다. 거듭 강조하고 싶네요. '누구나 여유를 갖는 삶을 누린다. 그 속에서 모두가 창조적인 사람이 될 기회를 갖는다!'

일하지 않는 자여, 먹지도 말라고?

사람들은 늘 이렇게 말하죠. '일하지 않을 거면 먹지도 마!' 그런데 어떤 사람들은 제대로 먹지 못해 일을 할 수 없는 상황에 처하기도 해요. '요즘 세상에 그런 사람이 어디 있어?' 그렇다면 생활고로 자살하는 사람들은 뭔가요? 2017년 150만에 이르렀다는 그 많은 신용불량자는 또 뭔가요? 이 신용불량자 10명 중 4명이 500만 원 이하의 소액대출자라는데, 다들 밥은 잘 먹고 다니는 걸까요?(『조선일보』, 2016년 10월 3일) 아무도 굶지는 않는다는 나라에서 왜 결식 우려 아동이 33만 명에 이르는 걸까요? 이 아이들은 정부지원이 없다면 밥을 굶어야만 한다는데 말이죠(『한국일보』, 2017년 5월 5일). 그런데 우리는 여전히 강조합니다. '일하지 않는 자여, 먹지도 말라!'

이들이 충분히 먹고 일하게 하면 안 되는 걸까요? 아니, 일을 하지 않더라도 이들에게 일용할 양식쯤 나누어주는 것, 그렇게 억울한 일인가요? '나는 열심히 일하는데 저 사람들은 받아먹기만 하잖아!' '왜 게으른 사람들을 도와줘야 하는 거야!' 하지만 사실 여러분도 알고 있을 겁니다. 이 사람들의 게으름이 처음부터 의도된 것이 아니었다는 걸 말이죠. 노동시장에 진입하지 못하는 경험이 반복될 때, 좌절이 그렇게 지속적으로 축적될 때 사람들은 의욕을 잃게 되죠. 이걸 게으름이라고 불러야만 할까요? 물론 소수의 사람들은 천성적으로 게으를 수도 있을 겁니다. 하지만 소수의 사람들 때문에 다수의 강요된 게으름이 똑같이 취급받아야 하는 걸까요? 스위스의 기본소득주의자들처럼 게으름을 다른 시각에서 바라볼 수는 없는 걸까요?

게으른 사람들은 아픈 사람들이다. (……) 게으름은 하기 싫은 일 때문에 병이 난 사람들에게 회복할 시간을 준다. 그래서 다시 일할 수 있는 가능성을 열어준다. 게으름은 새로운 시작의 출발점이다.*

한편 어떤 사람들은 나누어주고 싶어도 나누어줄 것이 부족

* 다니엘 헤니·필립 코브체, 앞의 책, 73쪽.

하다고 말하죠. 국가의 재정은 한정적이라고. 그런데 스위스의 기본소득주의자들은 이렇게 말합니다.

문제는 나누어 가질 것이 넉넉하지 못한 데 있는 것이 아니라 우리의 생각이 넉넉하지 못한 데 있다. (……) 우리는 필요한 모든 것이 마련되어 있는데 여전히 일하지 않는 자는 먹을 자격이 없다고 생각한다. (……) 세상에 커다란 파이가 넘쳐나는데도 자신이 얼마나 부지런한 사람인지를 증명하지 않는 사람은 작은 파이 한 조각도 먹어서는 안 된다고 말한다.**

풍요의 시대라는데 자신이 먹을 자격을 증명하지 못하는 사람들 또한 넘쳐나는 시대. 2017년 대한민국은 GDP로는 전 세계 11위, 1인당 국민소득은 2만 9,745달러(약 3,363만 6,000원), 3인 가족 기준으로는 1억 가까이 되지요. 그런데 여전히 한편에서는 113만 명의 실업자와 870만 명의 비정규직 노동자들이 넘쳐나고 있습니다. 이것이 우리나라의 현실이에요. 저는 이 중 870만 명에 이르는 비정규직 노동자들이 열심히 일한다는 것과 충분한 소득 사이에 별다른 상관관계가 없음을, 113만 명의 실업자들이 물고기 잡는 법을 알아도 물고기를 잡을 데가 없음을 증명

** 다니엘 헤니·필립 코브체, 앞의 책, 44~45쪽.

하는 사례라고 봅니다. 이들에게 먹을 자격을 증명하라고 요구하는 것, 정말 합리적이기만 한 것일까요? 어쩌면 도와주기 싫은 우리의 이기심이 강요하는 이데올로기는 아닐까요?

얼마 전 한 고등학교에 강의를 나간 적이 있습니다. 그때 기본소득과 기초자본 이야기가 나와서 "여러분은 무조건적인, 권리로서 분배정책에 찬성하나요?" 이렇게 물었습니다. 한 여학생이 답하더군요. "저는 가장 적게 일하고, 가장 많이 누리고 싶어요." "왜 그렇게 생각하죠?" 제 질문에 그 학생이 한 답이 정말 명답이었습니다. "기업은 가장 적은 비용으로 가장 많은 이윤을 올리면 칭찬받는데, 왜 우리는 그러면 안 되는 거죠?" 그 순간 아……, 기업도 사적 이익을 추구하고, 우리도 사적 이익을 추구한다면, 왜 기업이 칭찬받는 일을 개인이 하면 비난받는 걸까 하는 생각이 들었습니다. 그 학생이 일을 하고 싶지 않다는 것도 아니었습니다. "그냥 하고 싶은 일, 하고 싶은 만큼 하며 살고 싶어요!" 그 순간 스위스 기본소득 주창자들의 말이 떠올랐습니다.

우리가 원하는 것은 자율적인 노동이지, 일하지 않는 것이 아니다. 사람은 누구나 일하기를, 사회활동에 참여하기를, 다른 사람들을 돕기를 원한다.*

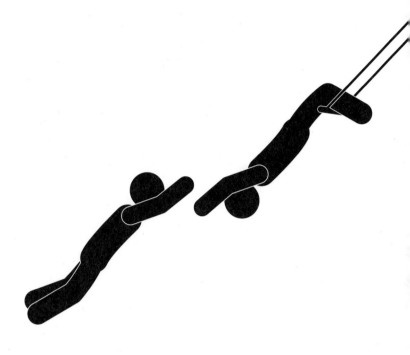

* 다니엘 헤니·필립 코브체, 앞의 책, 72쪽.

PART 3

기본소득

모든 시민의 총소득을 늘리는 사회적 배당금

기본소득이란

- 자산조사나 근로조건 부과 없이
- 모든 구성원이
- 개인 단위로
- 현물이나 상품권이 아니라 현금으로
- 일시금이 아니라 정기적으로
- 국가로부터 지급받는 소득(반드시 국가일 필요는 없음)

기본소득의 기원과 흐름

- 모어, 비베스: **최소소득**minimum income
- 콩도르세: **기본증여**basic endowment
- 푸리에, 밀: **기본소득**basic income
- 러셀: **'필수품 마련에 충분한'** 조건 없는 기본소득
- 밀너, 마벨: **국가보너스**state bonus
- 더글러스: **사회신용**social credit
- 콜, 미드: **사회배당**social dividend
- 토빈, 페츠먼: **시민보조금**demogrant

303

스위스 기본소득 국민투표 결과

23 : 77 : 41

찬성 : 반대 : 곧 도입 전망

Agathotopia

아가소토피아

비록 유토피아는 아니지만
자산이 공동체의 시민들에게 평등하게 분배되어
사실상의 완전고용을 가능하게 만드는 좋은 사회

실업과 빈곤문제 해법으로 제임스 미드가 제시한 용어

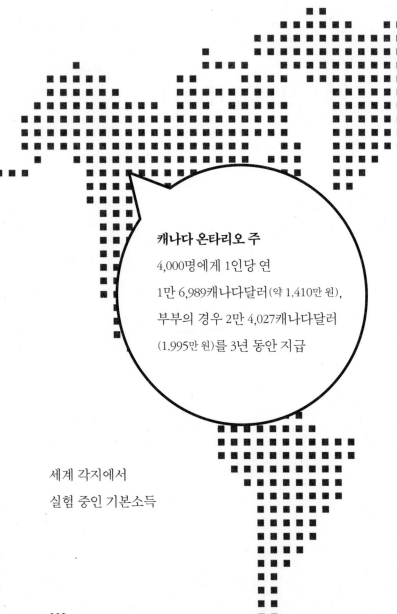

캐나다 온타리오 주

4,000명에게 1인당 연

1만 6,989캐나다달러(약 1,410만 원),

부부의 경우 2만 4,027캐나다달러

(1,995만 원)를 3년 동안 지급

세계 각지에서

실험 중인 기본소득

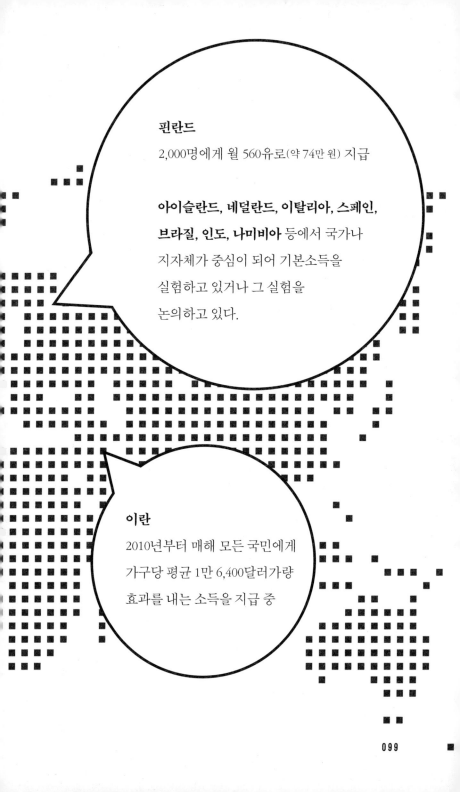

핀란드

2,000명에게 월 560유로(약 74만 원) 지급

**아이슬란드, 네덜란드, 이탈리아, 스페인,
브라질, 인도, 나미비아** 등에서 국가나
지자체가 중심이 되어 기본소득을
실험하고 있거나 그 실험을
논의하고 있다.

이란

2010년부터 매해 모든 국민에게
가구당 평균 1만 6,400달러가량
효과를 내는 소득을 지급 중

모든 시민에게 무조건적인 소득을 지급하라.

여기에 시민들이 다른 소득을 더해 총소득을 늘리게 하라.

— 필리페 반 파레이스

세계의 갑부들,
기본소득을 지지하다

2016년 말 CNBC 인터뷰에서 한 신사가 이렇게 말합니다.

"자동화 때문에 우리 정책이 결국 기본소득, 혹은 그 비슷한 것으로 귀결될 가능성이 아주 높습니다. 흠, 그 외에 어떤 것을 할 수 있을지 저는 확신할 수가 없군요. 제 생각엔 결국 그렇게 될 것 같습니다."

2017년 5월 하버드대학교 졸업식장에서 한 청년이 이렇게 말합니다.

"가장 위대한 성공은 실패할 자유를 가지는 데서 나옵니다. 이제 우리 세대를 위해 새로운 사회계약을 규정해야 할 시간입니다. 우리는 모든 이에게 새로운 것을 시도해볼 수 있는 안전장치의 하나로 보편적 기본소득 같은 아이디어를 적극 살펴봐야만 합니다."

2017년 한 은발의 아저씨가 트위터를 날립니다.

"AI와 새로운 기술이 부상함에 따라 보편적 기본소득과 같은 아이디어가 훨씬 더 중요해졌다."

이들이 누구냐고요? 인터뷰 신사는 테슬라와 스페이스 X의 CEO인 엘론 머스크Elon Musk, 졸업식장 청년은 페이스북의 창업주인 마크 저커버그Mark Zuckerberg, 트위터 아저씨는 버진그룹의 CEO인 리처드 브랜슨Richard Branson입니다.

여기에 실리콘밸리에서 유명한 스타트업 기업 Y 콤비네이터의 사장인 샘 알트먼Sam Altman은 한 술 더 떠 이렇게 말합니다.

오클랜드 시 주민 1,000명을 선정해 매달 1,000달러씩 5년 동안 조건 없이 주겠다. 나머지 2,000명에게는 매달 50달러씩 주겠다. 이 실험으로 조건 없이 소득을 지급받을 때, 삶의 질과 일하고자 하는 동기 사이에 어떤 일이 일어나는지 볼 수 있을 것이다.*

기본소득, 최근에 너무 유행하고 있어서 이 자리에 오신 분

* "One of the biggest VCs in Silicon Valley is launching an experiment that will give 3,000 people free money until 2022," *Business Insider*(Sep. 21, 2017).

들이라면 최소한 몇 번은 들어보셨을 아이디어입니다. 처음 기본소득이라는 아이디어가 나왔을 때, 많은 분이 어이없어하던 기억이 납니다. 저는 이 아이디어를 존 롤스John Rawls의 『정의론 A Theory of Justice』(1971)을 공부하다 1990년대 말쯤에 알게 되었습니다. 나중에 말씀드리겠지만 롤스가 자산조사 중심 복지국가에 반대하고 보편적 최초분배original distribution를 역설하는 가운데 기본소득을 지지했거든요. 이 아이디어를 처음 보았을 때 저는 '오, 신기한 것도 다 있네' 이렇게 생각했습니다. 그런데 이때만 해도, 아니 몇 년 전만 해도 기본소득을 실험하고 싶어하고 지지했던 이들은 학자나 이론가, 소수의 사회운동가들이었어요. 사실 '기본소득'이라고 하면 공상과학 소설, 말도 안 되는 소리, 심지어 게으른 자들을 위한 음모로까지 치부되는 게 현실이었죠.

그런데 갑자기 몇 년 전부터 기본소득이 국가가 심각하게 고려하는 미래의 제도로 부각되기 시작했습니다. 예를 들어 앞에서 살펴보았듯이 스위스는 기본소득 관련 국민투표까지 해서 23%나 되는 사람들이 지지를 하는 놀라운 결과를 이뤄냈죠. 게다가 여론조사에서는 18~29세 사이 국민의 41%가 몇 년 안에 기본소득이 도입될 거라는 전망을 내놓기도 했습니다. 스위스 뿐만이 아니었어요. 핀란드 역시 2,000명에게 매월 560유로(약 74만 원)를 지급하는 실험을 했습니다. 아쉽게도 이 실험은 중단되었는데요, 문제는 실험규모가 너무 작은 탓이라네요.

스웨덴에서 복지국가를 전공하는 동료학자에게 들은 정보로
는 애초부터 이 실험은 설계자가 의도한 바와 너무 달라서 실패
가 예견되어 있었답니다. 애초의 기획과 너무 다른 실험이 진행
되었다는 사실이 이 제도가 얼마나 논쟁적인지를 증명하는 거
지만, 이런 실험을 한다는 것 자체가 국가가 미래의 새로운 분
배제도로서 고려하는 대안이 되고 있다는 뜻이기도 하죠. '핀란
드 실험이 실패했어'라고 하면 정말 가망 없는 제도처럼 느껴
지기도 하는데, 캐나다 온타리오 주에서 핀란드보다 그 규모가
두 배에 달하는 4,000명에게 1인당 연 1만 6,989캐나다달러(약
1,410만 원), 부부의 경우 2만 4,027캐나다달러(1,995만 원)를 3년
동안 지급하는 실험을 2018년, 올해부터 시작했습니다. 사실 캐
나다는 1974년에 매니토바 주에서 이미 한 번 시도한 적이 있었
다고 하네요. 이 외에도 아이슬란드, 네덜란드, 이탈리아, 스페
인, 브라질, 인도, 나미비아 등에서 국가나 지자체가 중심이 되
어 기본소득을 실험하고 있거나 그 실험을 논의하고 있지요.

지금까지 소개해드린 사례를 보면 다 국가나 지자체 차원입
니다. 그런데 2016년을 전후해서 세계적인 갑부들, 소위 자본가
들이 기본소득을 지지하는 목소리를 내기 시작했어요. 자본가
들이 시장중심주의자들이라는 측면에서 보면, 이들이 제일 먼
저 기본소득을 반대해야 할 사람들인 것 같거든요. 그런데 이

사람들이 나선 거죠. '이런 영향력 있는 자본가들이 지지하는 게 뭐 그리 대수냐?' 이렇게 물을지도 모르겠습니다. 그렇게 되면 현실화될 가능성이 아주 높아지기 때문입니다.

　그렇다면 왜 세계에서 가장 영향력 있는 자본가들이 기본소득을 지지하는 목소리를 내고 있는 걸까요? 왜 그들은 기본소득을 지급하면 그 돈을 받는 사람들이 어떤 반응을 보일지를 궁금해 하는 것일까요? 여기에 답하기 위해서는 기본소득이란 무엇이고, 어떻게 작동하는 것인지, 이를 둘러싼 이슈가 무엇인지부터 알아볼 필요가 있겠지요. 그럼 기본소득이 무엇인지부터 시작해보겠습니다.

기본소득의 발상,
그 기원과 역사

　　기본소득의 발상, 제가 아는 한 이걸 가장 잘 요약해 보여주는 이는 필리페 반 파레이스Philippe Van Parijs입니다. 그래서 이 강의에서는 파레이스의 설명을 중심으로 알려드리겠습니다. 파레이스는 기본소득을 한마디로 이렇게 설명합니다. "모든 시민에게 무조건적인 소득을 지급하라. 여기에 시민들이 다른 소득을 더해 총소득을 늘리게 하라."* 대부분의 기본소득주의자들이 앞부분만을 너무 강조한 나머지, **"기본소득에 다른 소득을 더해 총소득을 늘리게 하라"**는 이 부분을 제대로 보여주지 못합니다. 만약 우리가 기본소득의 이 근본적인 발상을 이해하고 있다면 기본소득에 대한 편견, '사람들을 게으르게 만들 것이다'라는 오해에서 벗어날 수 있을 겁니다. 이 발상을 노동과 관련해 정리해보자면 이런 겁니다.

첫째, 기본소득의 대가로 노동을 요구하지 않는다. '조건 없이, 무조건적인 소득'이라는 거지요.

둘째, 이 기본소득에 자신이 일해서 얻은 소득을 더해 더 많은 총소득을 만들라. '노동을 하지 말자'가 아니라, 자신의 선택에 따라 노동을 통해 더 나은 삶의 조건을 만들라는 거죠. 기본소득은 '노동을 하지 말자'는 것도, '노동을 할 필요가 없다'는 것도 아닙니다! 다시 말해 기본소득은 '자신의 필요에 따라 노동해서 더 나은 삶을 만들자'는 아이디어를 담고 있는 겁니다. 기본소득이 반대하는 노동은 명백합니다. '자율적이 아닌, 자신의 선택이 배제된, 강요된' 노동입니다.

최근에야 기본소득이 유행한 탓에 기본소득이 마치 최신 아

---

* Philippe Van Parijs, "Basic Income" in *Designing Distribution*, p. 3.

이디어인 것처럼 알고 계신 분들도 있습니다. 하지만 기본소득은 500여 년 전, 정확히는 1516년, 유럽의 작은 나라에서 발간된 한 편의 소설에서 시작되었습니다. 이 소설은 한 포르투갈 여행자가 세계 이곳저곳에서 본 낯선 이야기들이 담겨 있지요. 예를 들어 "왜 영국에서는 도둑과 살인 모두에 대해 사형이라는 형벌이 가해지는데도 그렇게 수많은 도둑질과 살인이 일어나는 것일까?" 여행자는 특히 이 점이 궁금했습니다. '사형에 처해지는데도 사람들은 왜 도둑질을 하는 것일까?' 답은 이랬습니다. "지상의 그 어떤 형벌도 사람들이 훔치는 일을 멈출 수는 없다. 만약 그 도둑질이 음식을 얻을 수 있는 유일한 수단이라면 말이다." 이 여행자는 당시 인클로저 운동 탓에 토지가 사유화되면서 고통받는 사람들이 생겨났음을 자세히 설명하죠. 그렇다면 이 문제는 어떻게 해결해야 할까요? 여행자는 이렇게 답합니다.

이러한 끔찍한 형벌을 가하는 대신, 모든 사람에게 어떤 생계수단을 제공하는 편이 훨씬 더 중요할 것이다. 그렇게 한다면 그 누구도 도둑이 되고 나아가 시체가 되는 끔찍한 필연성 아래 놓이지는 않을 것이다.**

** Thomas Moore, *Utopia*, Cambridge: Cambridge University Press, 1975, pp. 15~16.

이 소설의 제목, 혹시 감이 오시나요? 여러분 대부분이 제목은 들어보았을 겁니다. 바로 토머스 모어Thomas More가 쓴 『유토피아Utopia』(1516)죠. 이 소설에 나오는 이야기를 모어의 친구인 요하네스 루도비쿠스 비베스Joannes Ludovicus Vives라는 인물이 받아 실제 정책으로 제안하기에 이릅니다. 이게 바로 요즘은 최소소득이라고 불리는 아이디어고, 기본소득의 기원이기도 합니다. 요즘은 아주 흔한 수단이 된 빈민을 위한 최소소득, 이게 모어의 시대에는 '유토피아'였던 거죠. 그런데 저는 비베스가 왜 빈민을 구제해야 하는지에 대해 언급한 한 부분이 참 가슴에 와 닿습니다.

궁핍이 미친 혹은 사악한 행동을 야기하기 전에, 궁핍해 보이는 얼굴이 수치심으로 붉게 물들기 전에⋯⋯ 괴로워서 감사하기도 어려운 요청을 하기 전에 기부하는 것이 훨씬 더 기분 좋고 더욱 고마워할 가치가 있는 것이다.[*]

'궁핍한 자가 수치를 느끼기 전에, 감사하기도 어려운 요청을 하기 전에 그들을 먼저 돕는 것이 훨씬 더 가치가 있다.' 여러분,

---

[*] Joannes Ludovicus Vives, *On the Assistance to the Poor*, Toronto & London: University of Toronto Press, 1998, p. 62. 기본소득네트워크, "기본소득의 역사"에서 재인용.

가슴 한쪽이 따뜻함으로 물드는 것 같지 않나요. 비베스의 제안에서 탄생한 최소소득을 보장해주는 모든 제도는 가구당 단위로 발전했습니다. 가구당 최소소득 얼마, 이 기준으로 발전한 거죠. 반면에 기본소득은 전부 다 개인당으로 움직입니다. 양자 간의 명백한 차이죠. 어쨌거나 이 사람들이 처음으로 빈민의 삶을 개선하는 방향으로 최소소득이라는 가이드를 내놓게 됩니다.

이후 프랑스 혁명에 가담했던 니콜라 드 콩도르세Nicolas de Condorcet가 기본증여라고 해서 처음으로 사회보험이라는 아이디어를 냅니다. 사람들이 각자 살아가는 동안에 일정 정도의 돈을 사회의 공적인 기금으로 만들어놓으면 나중에 위기에 처했을 때 그 사람이 납부한 보험료에 기초해서 어느 정도 돈을 돌려주는 제도를 구상했던 거죠. 우리가 알고 있는 기본소득에 가장 가까운 아이디어를 냈던 이는 공상적 사회주의자인 샤를 푸리에Charles Fourier와 그의 발상을 신뢰했던 자유주의자 존 스튜어트 밀입니다. 『정치경제학의 원리Principles of Political Economy』(1848)에서 밀이 푸리에주의를 지지하며 내놓은 아이디어는 요즘의 기본소득 정신을 빼다 박은 듯합니다. 제가 아는 한 현재의 기본소득과 가장 비슷한 제안을 한 것이죠. 무엇보다 밀은 푸리에주의가 사회주의이기는 하지만 사유재산의 폐지나 상속의 폐지 같은 것들을 주장하지 않는다는 점을 강조합니다. 오히려 노동뿐만 아니라 생산물, 자본의 분배에서 이 요소들을 다 고려하고 있음을 밝히며 이렇게 말합니다.

분배를 한다고 치자. 이때 최소한의 양을 우선적으로 공동체 모든 구성원의 최저생활을 위해 할당하자. **노동을 하는지 안 하는지는 상관없다.** 이렇게 먼저 나눈 다음 나머지 생산물들을 노동·자본·재능이라는 세 가지 요소를 가지고 미리 정해진 바에 따라 그 몫을 나누자.*

밀이 이 논의를 할 때 눈여겨볼 만한 부분이 있는데요, 일한 만큼 분배하는 것에 대한 비판적 논조입니다. 우리는 당연히 기여한 만큼 가져가야 한다고 생각하는데요, 밀은 여기서 잊지 말아야 할 것이 있다고 합니다. 바로 우리가 기여할 수 있는 양에 태어나면서부터 가지고 있는 체력이나 재능이 영향을 미친다는 점이죠. 이런 점에서 일하는 양, 다시 말해 기여하는 양에 따라 가져가는 것도 어떤 측면에서는 불의하다고 강조합니다. 이런 점에서 밀은 최저생활에 필요한 양은 모두에게 똑같이 할당하자고 주장한 것이죠. '그 최저생활 이상의 수준을 분배할 때는 재능도 고려할 필요가 있다!' 저는 이 주장이 참 설득력 있는

---

* Mill, *Principles of Political Economy*, Book II, Chapter 1, §4.

것 같습니다. 그래서일까요. 실제 밀의 이런 발상은 20세기 분배이론에도 영향을 미치고 있습니다.

이 같은 19세기를 지나 기본소득의 20세기 역사를 들여다보면 유럽과 미국에서 조금 다른 역사적 배경 속에서 기본소득 논의가 전개됩니다. 우선 유럽은 '1차 세계대전 후 사람들의 삶을 어떻게 보호할 것인가?' 이 질문에 답하는 가운데 기본소득이라는 아이디어가 유행하죠. 버트런드 러셀Bertrand Russell이라는 철학자가 있습니다. 원래는 수학 천재였다고 하죠. 수학자인데 나중에 철학을 하고 문학을 하면서 원래의 길에서 탈선했다고나 할까요? 버트런드 러셀이 1918년, 그러니까 1차 세계대전이 끝나던 해에 발간한 『자유로 가는 길: 사회주의, 무정부주의, 조합주의Proposed Roads to Freedom: Socialism, Anarchism, and Syndicalism』에서 1차 대전 이후에 닥친 위기를 극복하는 방향으로 사회주의와 무정부주의의 장점들을 결합한 제안을 내놓습니다.

필수품을 마련하기에 충분한 조건 없는 기본소득을 주자. 대신 누구도 노동은 강요당하지 말아야 한다. **노동을 선택하지 않은 자들에게도 기본적 생계는 보장하면서 완전히 자유롭도록 내버려두라.**[**]

***

[**] Russell, *Proposed Roads to Freedom*, London: Unwin Books, pp. 80~81, p. 127.

다시 한번 상기시켜드리자면 핵심은 이겁니다. '모든 이에게 필수품을 살 수 있는 돈을 주자. 하지만 그 대가로 노동을 강요하지는 말자. 노동은 필수가 아니라 선택이다.' 노동이 분배의 조건이 되면 안 된다는 거지요.

유사한 역사적 맥락에서 데니스 밀너Dennis Milner와 마벨 밀너 Mabel Milner 부부, 그리고 클리포드 더글러스Clifford Douglas라는 인물도 러셀과 비슷한 고민을 했던 모양입니다. 우선 밀너와 마벨 부부부터 살펴볼까요? 젊고 에너지 넘치는 노동당원이었던 데니스 밀너라는 사람이 있었답니다. 그런데 이 친구, 아니 옛날 분이니 이 '어르신'인가요? 어쨌든 이 젊은 기술자가 아내 마벨과 함께 역시 1차 세계대전이 끝난 1918년에 『국가보너스를 위한 체계: 모두를 위한 경제적 안전장치Scheme for a State Bonus. Economic Security for All』라는 소책자를 발간했습니다. 이 책에서 밀너는 국민소득의 20%에 해당하는 돈을 영국의 모든 시민에게 조건 없이 지급하자고 제안합니다. 만약 100파운드가 1인당 국민소득이라면, 이에 해당하는 20%, 20파운드를 매주 나눠서 조건 없이 지급하자는 제안이었죠. 밀너는 구체적으로 당시의 국민소득을 계산해 "어른들에게는 1인당 5실링씩, 아이들에게는 1인당 3.9실링씩" 지급하자고 제안하면서, 이렇게 하면 매해 일반 가정이 500파운드 정도까지 수혜를 누릴 수 있고, 영국 전체 인구의 90~93% 정도가 혜택을 볼 수 있을 거라고 예측합니다.*

열심히 일하지 않아도 괜찮아!

상당히 구체적이죠.

한편으로 더글러스 역시 밀너 부부와 비슷한 질문을 합니다. "4년간의 전쟁으로 가난해진 사람들이 어떻게 쓸모 있는 상품을 풍족하게 소비할 수 있을까?" 더글러스의 답은 명확했어요. 모든 가구에 매달 국가가 그 상품들을 배당해야 한다는 겁니다. 우리나라에도 더글러스가 쓴 책이 번역되어 나와 있기는 하지만, 'social credit'을 '사회적 신용'이라 번역해놓은 탓인지 기본소득과 연계된 아이디어인데도 널리 알려져 있지는 않습니다.

시간이 지나면서 이처럼 조건 없는 사회배당을 주장한 이들 중에 조지 D. H. 콜George Douglas Howard Cole이라는 경제학자가 있어요. 그런데 이분 주장이 대박입니다. "현재 생산력은 사실상 현재의 노력과 사회적 유산이 결합된 결과물이다. 이런 사회적 유산은 모든 시민의 공동유산이기 때문에 여기서 나오는 성과물을 다 공유해야 한다. 이러한 배분 이후 남은 생산물만 현재 우리가 나누어 갖는 형식으로 분배하자." 많은 사람이 자신이 낸 성과물은 자신의 노력만으로 이루어진 것이라고 착각하는 경향이 있습니다. 사실 우리가 어떤 생산활동을 할 때 수많은 공유재를 활용해야 하죠. 이 공유재에는 물건을 생산하는 방

* Milner, Dennis, *Scheme for a State Bonus. Economic Security for All*, Priestgate (Darlington): North of England Newspaper, 1918, p. 5.

식, 운반하는 수단까지 다 들어갑니다. 콜은 이 모든 것이 앞선 세대들의 노력의 결과물이기에 누구도 사유할 수 없다고 보았습니다. 그러니 성과물의 일정 부분을 공유해야만 한다는 거죠. 콜에게 가장 많은 영향을 미쳤던 인물이 바로 밀이었어요. 밀에게 바친 『사회주의 사상사 *History of Socialist Thought*』(1953)라는 책에서 콜이 기본소득이라는 표현을 처음 영어로 썼다는군요.

또 한편에서 사회배당이라는 발상을 열심히 지지한 경제학자는 제임스 미드 James Edward Meade입니다. 여러분이 좋아하고 신뢰하는 노벨경제학상 수상자이기도 하죠. 영국 노동당 정부에서 경제정책을 수립했던 인물이기도 합니다. 뭐 여기서 자세히 설명드리기는 무엇하지만, 수능에도 자주 나오는 『정의론』의 저자 존 롤스에게 많은 영향을 미친 학자이기도 하죠. 사실 수능이나 정의 관련 책을 보면 늘 '정의의 두 원칙'만 강조하는데, 진짜 중요한 개념은 '재산소유 민주주의'라는 겁니다. 이상적 분배가 이루어지는 국가의 모델로 롤스가 제시한 거죠. 이 아이디어가 바로 미드에게서 온 겁니다.

좀더 구체적으로는 미드가 1964년에 출간했던 『효율성, 평등, 재산의 소유 *Efficiency, Equality and the Ownership of Property*』에서 온 거죠. 이 책에서 미드는 기술의 발전이 노동의 평균생산성을 떨어뜨릴 거라는 점을 걱정합니다. 미드는 결과적으로는 소득의 대부분이 자본을 소유한 사람들에게 귀속될 거라고 예언하죠. 고도의 기술이 요구되는 '우선성을 지니는 경제primary economy'에는 노동이 그다지 많이 필요 없을 것이고, 노동이 필요한 부분은 '이차적 경제영역secondary economy'으로 남게 되어 분배가 제대로 이뤄지지 않을 거라고 본 겁니다. 아쉽지만 미드가 예언한 일이 지금 우리가 목격하고 있는 현실이기도 합니다. 미드는 이 문제를 해결하고 싶다면 '자산이 공동체의 시민들에게 평등하게 분배되는 사회'를 만들어야 한다고 주장하죠. 훗날 미드는 이런 분배가 실현되어 사실상의 완전고용을 가능하게 만드는 좋은 사회를 '아가소토피아Agathotopia'라고 부릅니다. 유토피아처럼 완벽하지는 않지만 그래도 좋은 곳이라는 뜻입니다. 이 아이디어가 미국으로 건너가 롤스의 『정의론』에 들어가게 되는 겁니다. 이 정도가 1차 대전 이후부터 신자유주의가 등장하기 전까지 유럽에서 일어난 기본소득 논의의 흐름입니다.

한편 대서양 건너 미국에서는 논의의 흐름이 좀 달랐습니다. 미국에서 기본소득 운동은 1960년대 민중당이 만들어지면서 생겨난 포퓰리즘의 부상과 연관이 있었죠. 우리가 흔히 말하는 포퓰리즘 운동은 이렇게 미국에서 탄생했던 겁니다. 포퓰리즘 운동을 대표하는 핵심적 구호가 있어요. "평범한 사람들에게 권력을 되돌려주자!" 그러려면 자원의 재분배는 당연히 필수

불가결한 요소가 되죠. 이런 분위기 속에서 미국에서는 다양한 형태로 기본소득이 지지를 얻게 되는데, 제임스 토빈James Tobin, 조지프 페츠먼Joseph Pechman 등이 내세운 '데모스(인민)를 위한 급여', 바로 데모그란트demogrant가 이때 제안됩니다.

당시 미국에는 포퓰리즘 운동뿐만 아니라, 뉴레프트 운동 등과 같이 다양한 사회변혁 운동이 일어나고 있었죠. 이에 주류도 이런 요구에 반응할 수밖에 없었는데요, 공화당의 닉슨 대통령조차 일종의 기본소득을 고려한 바 있습니다. 소위 '마이너스 소득세negative income tax'라는 건데, 우리말로는 '음의 소득세'라고 옮기더군요. 제 생각엔 그냥 마이너스 소득세가 훨씬 이해하기 쉬운 것 같은데 말이죠.

이 음의 소득세 원리는 매우 간단한데요, 돈을 많이 버는 사람에게는 더 많은 세금을 부여하는 대신 돈을 적게 버는 사람에게는 보조금을 주는 제도입니다. 소득세 면제기준에 미달한 자, 바로 마이너스인 사람이 면제기준의 차액을 보전받는 거죠. 흥미로운 건 이걸 제안한 사람이 밀턴 프리드먼Milton Friedman이라는 사실인데, 지독한 시장주의자거든요. 시장주의자들은 '위대한' 시장주의자라고 부르겠지만요.

어쨌거나 이 음의 소득세를 일종의 기본소득으로 보는 건 이 보조금을 현금으로 지급하는 부분 때문인데요, 형식은 유사하지만 사실 우리가 지향하는 기본소득의 정신과는 정반대였습니다. 차라리 개인이 현금을 들고 쓰는 게 국가가 제공하는 복지보다 낭비가 적다는 논리였으니까요. 그래서 이 음의 소득세를 기본소득에서 뭔가 대단한 것처럼 이야기하는 사람들을 보면 조금 마음이 꼬이는 데가 있어요. '음의 소득세는 당신의 권리가 아니라 시장원리 때문에 주겠다는 거야, 이 사람아!' 뭐그런…….

미국에서 기본소득이 이론적으로나마 권리로 확고히 인식된 건 롤스의 『정의론』 때문이었습니다. '모든 사람은 자신의 자유를 쓸 수 있는 기본적 자원을 배당받을 권리가 있다'는 정신을 담은 차등원칙이 『정의론』을 통해 제시된 거죠. 지금 미국에서 기본소득을 지지하는 상당수의 학자들은 롤스와 뜻을 같이하는 자유적 평등주의자들이거나 소위 신롤스주의자neo-Rawlsian들입니다. 이 사람들은 쓸 수 없는 자유는 차라리 없는 게 낫다고 말하죠. 생각해보세요. 누군가 여러분이 자유롭다고 말합니다. 그리고 옆에 있는 사람을 보니 최소한이나마 자유롭게 뭔가를 선택하고 살죠. 그런데 내게도 자유가 있다는데 나는 별다른 선택권 없이 살고 있어요. 이런 상태, 오히려 자유가 있다는 사실이 화가 나는 상태가 아닐까요? **'인간이 자유롭다는 건 그 자유를 누릴 수 있는 상태다, 그 자유를 누리려면 최소한의 자원분배가 필요하다'**는 게 이들의 견해입니다.

지금 이론적으로 미국에서 기본소득을 지지하는 사람들은 거의 다 이런 자유주의적 입장을 존중하고 있는 거죠. 여러분이 믿거나 말거나, 노동에 목숨 걸지 말고 권리에 의지해 자원을 나누자는 건, 공산주의도 사회주의도 아닙니다. 바로 자유주의자들의 사상입니다. 오히려 사회주의나 공산주의는 노동하는 자를 우대한다는 점에서 노동이 중요한 분배의 조건이죠.

이런 역사를 지닌 기본소득 논의가 최근에 다시 부활한 건 기술의 발전, 탈산업사회, 글로벌 시장경제가 그 정점을 찍으면서 사람들이 사회구조의 근본적인 변화를 확인할 수 있었기 때문입니다. 신자유주의가 본격적으로 성장하던 시기인 1986년에 기본소득유럽네트워크가 만들어졌고, 2004년에 이 유럽네트워크가 지구네트워크로 확장되었죠. 우리나라도 이 네트워크에 가입되어 있습니다. 기본소득이 정치적으로 확장되는 데 가장 많은 기여를 한 정치세력은 선진국의 녹색당이라는 생각이 드네요. 많은 국가에서 녹색당이 생태적 전환의 한 방식으로 기본소득을 밀었고 정책적으로 현실화되는 과정에서도 많은 역할을 했습니다. 우리나라에서도 녹색당의 하승수 선생님이 『나는 국가로부터 배당받을 권리가 있다』(2015)라는 책을 내놓기도 했답니다.

모든 구성원에게
조건 없이 개인별로

　　어떤 분들은 이렇게 말할 것 같네요. '아, 이제 기원이나 역사 말고 대체 기본소득이 뭔지, 어떻게 작동하는 건지를 말해보라고!' 네, 이제 여러분의 요구에 본격적으로 부응하겠습니다.

　　우선 **기본소득은 자산조사나 근로조건 부과 없이, 다시 말해 여러분이 재산을 얼마나 가지고 있는지 아니면 노동할 의사가 있는지 묻지 않고 여러분이 속한 정치공동체가 모든 구성원에게 개인 단위로 지급하는 소득**입니다. 조건 없이 기본소득. 묻지도 말고 따지지도 말라고 했을 때, 이 말은 여러분이 가지고 있는 자산 규모와 노동의사를 묻지 않는다는 의미입니다. 당부하는데 이걸 노동하지 말라고 왜곡해서 이해하면 안 됩니다.

　　그리고 모든 구성원이라고 했을 때, 이 말은 기본적으로 수혜자가 시민권을 가지고 있다는 뜻이에요. 그렇다면 '시민이 아닌 사람들은 어떻게 할 것이냐? 모든 사람은 시민만을 의미하는 거냐?' 이렇게 물을 수 있죠. 한데 대다수의 기본소득주의자는 '그 누구도 배제하지 않는다'는 아이디어를 공유하고 있습니다. 그래서인지 비시민도 최소한의 거주기간, 규정된 거주조건 등을 바탕으로 혜택을 누릴 수 있도록 해주는 게 바람직하다고 답하고 있어요. 어떤 이들은 세금도 안 내는 사람들에게 이런 혜택을 줄 필요가 있느냐고 묻기도 하죠. 많은 사람이 이주노동자들을 비롯해 외부인이라고 여기는 사람들에 대해 오해하고 있는 내용이 바로 이겁니다. 그 어떤 국가도 비시민들이라고 자기 영토 내에서 경제활동을 하는 이에게 세금을 안 내게 하지는 않으니까요. 자기 영토 내에서는 반드시 과세하게 만듭니다.

예를 하나 들어볼까요? 제 대학원 수업을 듣는 학생 중에 팔레스타인 친구가 있는데요, 제가 얼마 전에 그 친구에게 최근에 일어난 팔레스타인 사태에 대해 글을 좀 써보라고 부탁했습니다. 이 친구에게 원고료로 10만 원을 지급해야 하는 상황이었는데, 보니까 세금이 엄청나게 붙어서 원고료가 반 토막이 났더라고요. 외국인이라 오히려 더 많은 세금을 내야 하는 거죠. 이건 세금뿐만이 아니에요. 미국 같은 경우 자기 주에서 온 학생인지, 다른 주에서 온 학생인지, 외국에서 온 학생인지에 따라 등록금에 차이가 납니다. 자기 주에서 온 학생들에게는 등록금을 제일 싸게 받죠. 먼 외부에서 온 학생일수록 더 비싸지는 거예요. 그리고 우리나라처럼 간접세가 발달한 곳에서는 생활 곳곳에서 과세가 됩니다. 물 한 병이라도 사서 마시려면 세금을 내야만 하죠. 대다수의 상품에 10%의 간접세가 붙어 있으니까요. 우리 영토에서 무엇이라도 소비하는 한 세금은 반드시 내게 되어 있다는 겁니다. 그렇다면 비시민들도 소득을 받을 자격이 충분히 있지 않을까요?

　모든 구성원이라고 하면 '아동들은 포함되느냐?' 이렇게 묻는 분들도 있습니다. 기본적으로는 성인들에게 지급하지만 아동수당제도와 병행할 것을 제안하는 경향이 있어요. 적합한 아동수당이 지급된다면 기본소득의 효과를 낼 수 있겠지요. 한편으로 '연금수급자들은 어떻게 할 거냐?'는 질문도 있습니다. 대다수는 연금수급자들에게도 지급하자고 제안하고 있는데요, 지급하지 말자는 의견도 있습니다. 그리고 이와 관련해서 제일 재미있는 대박 질문이 있어요. '감옥에 수감된 사람들은 어떡할 거냐?' 감옥에 갇힌 사람들에게는 이미 많은 세금을 들이고 있기 때문에 이 사람들에겐 안 줘도 괜찮다는군요. 그래서 기본소득을 받고 싶다면 죄는 짓지 말아야 합니다.

　그리고 기본소득은 '가구 단위가 아니라 개인에게 지급'하는 것이 원칙입니다. 철저히 개인에게 지급되는 거죠. 기본소득과 유사한 최소소득은 주로 가구 단위로 지급됩니다. 예를 들어 브라질에는 전 세계에서 가장 큰 복지 프로그램이 있습니다. '보우사 파밀리아Bolsa Familia'라고 하죠. 이 제도 역시 최소소득을 가구당 지급합니다. 특이한 점이 있다면 부모 양자가 다 있을 경우 이 혜택을 수령하는 가구의 대표자가 아버지가 아니라 어머니라는 겁니다. 가난한 국가에서는 가구당 지급되는 혜택의 우선 수령자가 어머니인 경우가 많은데요, 아버지들은 가족에게 돈을 쓰지 않고 술이나 도박 등으로 돈을 날려버리는 경향이 있어서 그렇다고 합니다. 이를 두고 일부 페미니스트들은 이렇게 비판하죠. 왜 부모가 같이 해결해야 할 무거운 짐을 여성인 어머니에게 얹느냐고. 논리적으로, 현실적으로 가능한 비판이긴 합니다. 그런데 기본소득은 적어도 이런 비판에서는 자유로울 것 같습니다. 철저히 개인에게 지급하는 거니까요. 가족 구성원이 네 사람이라고 할 때 각자 한 사람 한 사람에게 지급된다는 뜻입니다.

그래서 이 이야기가 무척 재밌게 발전합니다. '엄격하게 개인 단위로, 정액으로 지급되기 때문에 오히려 기본소득이 공동생활을 장려하고 가족해체의 함정을 없앤다.' 이게 무슨 말일까요? 원래 최소소득 같은 경우에는 구성원의 수가 많아질수록 액수가 줄어듭니다. 2인 가구에 100만 원, 3인 가구에 130만 원, 이런 식으로 말이죠. 하지만 기본소득이 1인당 50만 원이면 개인 정액이기 때문에 3인 가구에 150만 원의 소득이 보전된다는 겁니다. 그래서 정액으로 보전하는 기본소득이 가족 해체의 문제를 완화하는 데 도움이 될 거다, 이렇게 이야기하는 거죠.

열심히 일하지 않아도 괜찮아!

부자들도 받아야
빈자에게 이롭다

'기본소득은 부자에게도 지급된다.' 기본소득과 관련해 가장 논란이 되는 주장이죠. 앞서 기본소득은 자산조사를 요구하지 않는다고 했지요. 이게 무슨 뜻이냐면 **빈자와 부자가 소득수준과 관계없이 똑같이 지급받아야 한다**는 거예요. 언뜻 듣기에는 이해가 안 가는 주장이죠. 도대체 왜 부자에게?! 그러다 보니 기본소득이 가장 많이 비판받는 지점이기도 합니다. 합당한 질문입니다. '왜 부자에게도 돈을 줘야 하냐? 수급자격을 결정할 때 왜 다른 자산들은 고려하지 않느냐? 그 부분을 고려해야만 하는 것 아니냐? 도움이 필요 없는 부자들에게 돈을 주면 결과적으로 부자들을 더 부유하게 만드는 것이 아니냐?' 문제는 이렇게 비판만 하고 답을 들으려 하지 않는다는 겁니다. 부자도 지급받아야 하는 이유는 부자에게도 지급하는 것, 그것이 빈자를 더 이롭게 하기 때문이에요. 어떻게 그럴 수 있느냐고요?

그 이유는 선택적 지급이 될 때 빈자들의 수급율이 오히려 낮아지기 때문입니다. 선택적 복지의 경우, 많은 복지국가에서 빈자들 스스로 복지신청을 하도록 합니다. 최근에 우리나라도 아동수당, 육아수당 등을 지급하고 있는데 다 각자 알아서 신청해야 하죠. 그런데 이렇게 자발적으로 신청하게 만들면, 빈자들의 신청률이 뚝뚝 떨어져요. 가난할수록, 형편이 어려울수록, 교육수준이 낮을수록 이런 제도가 있다는 사실 자체를 모르는 경우도 많습니다. 실제로 앤서니 앳킨슨Anthony Atkinson은 『불평등을 넘어Inequality』(2015)에서 급여대상자를 소득으로 따지지 말아야 하는 이유로 신청률이 낮다는 점을 실질적인 자료를 통해 지적하죠. "소득과 연계된 혜택을 청구하는 이들은 프랑스에서는 65~67%, 독일에서는 33%, 아일랜드에서는 30%로 떨어진다."*

게다가 요즘은 다 디지털 디바이스로 신청하잖아요. 우리나라도 요즘 그렇죠. 여러분, 혹시 〈나, 다니엘 블레이크〉라는 영화 보신 분 있나요? 그 영화 보면 주인공 블레이크가 컴퓨터를 못하잖아요. 그래서 복지수급 자격신청을 하는 데 엄청난 고난을 겪죠. 생각해보면 수혜대상은 더 빈곤한 자, 교육을 덜 받은 자들인데 정작 신청은 어느 정도 교육을 받고 디지털 디바이스에 접근 가능한 사람이 할 수 있다면 그처럼 큰 모순이 어디에 있겠어요. 분배정치에서 가장 중요한 고려사항 중 하나가 정말 받아야 하는 사람이 받느냐인데 말이죠. 그런데 선택적 복지 아래에서는 진짜 받아야 하는 사람은 못 받고 오히려 어느 정도의

---

* Anthony Atkinson, *Inequality*, Cambridge: Harvard University press, 2015, pp. 210~211.

지식이 있거나 자본력이 있는 사람이 그 수혜를 더 받게 되는 모순이 일어나는 겁니다. 이제 왜 보편적 지급을 주장하는지 현실적인 이유를 아시겠지요?

그리고 덧붙여 우리가 보편적 지급을 주장할 때 항상 등장하는 요인, 빈자들이 낙인감을 덜 느낄 것이라는 부분도 매우 중요합니다. 아까 기본소득의 기원에서 최소소득을 제도적으로 처음 제안했던 이가 비베스라는 점을 알려드렸죠. 비베스는 빈자들의 낙인감을 이렇게 묘사합니다. "궁핍해 보이는 얼굴이 수치심으로 붉게 물들고…… 괴로워서 감사하기도 어렵다." 비베스의 탁월한 부분은 그다음 언급이에요. **"진정한 기부는 이들의 얼굴이 붉게 물들기 전에, 괴로워서 감사하기도 어려운 요청을 하기 전에 이루어져야 한다."** 진짜 맞는 말 아닐까요?

또 하나 기본소득이 부자들을 더 부자로 만들어주지는 않는다는 점도 다시 한번 알려드릴 필요가 있을 것 같습니다. 기본소득이라는 이름을 보세요. 이게 '소득'으로 잡히는 거죠. 앤서니 앳킨슨이 지적하듯이 소득세 체계가 누진적으로만 잡혀 있다면 부자들에게 지급되는 기본소득은 자연스럽게 세금으로 다시 빠져나오게 되는 겁니다. 그러니까 '부자들이 더 부자될까봐 걱정할 필요는 없다!' 여러분, 안심하셔도 좋습니다.

재분배가 아니라
알고 보면 최초분배다

여러분이 기억해야 할 기본소득의 세 번째 중요한 성격은 **이것이 정치공동체가 지급하는 일종의 배당으로, 최초소득이라는 점에서 재분배가 아니라는 겁니다.** 많은 분이 이걸 재분배라고 생각하는데요, 이 제도의 명칭을 보세요. '기본'+'소득'이죠? 원래 산업사회 시대의 최초분배는 우리가 노동시장에 나가서 노동력을 제공하고 임금을 얻는 방식이었습니다. 시장이 일차적으로 소득을 분배했던 겁니다. '완전고용' 산업사회에 기반을 둔 복지국가는 이 분배에서 예외적으로 소외된 사람들이나 충분히 소득을 얻지 못하는 사람들을 골라서 재분배, 다시 말해 이차적으로 분배하는 거죠. 복지국가에서 이런 분배는 노동하는 사람들, 노동하려는 사람들을 은근히, 아니 대놓고 우대하고 있습니다. 이 복지국가에서 재분배는 사람들이 다시 노동시장으로 돌아갈 수 있게끔 하는 게 목표입니다.

그런데 기본소득은 사람들을 노동시장으로 돌려보내는 것 자체를 목표로 하지 않습니다. 그래서 재분배를 받을 대상을 선별하지 않아요. 모든 사람이 최소한의 자원을 확보할 수 있도록 국가가 모든 개인에게 일차적 분배를 하는 거죠. 이런 점에서 기본소득은 본질상 최초분배라는 겁니다. 사실 많은 기본소득

열심히 일하지 않아도 괜찮아!

주의자가 오히려 복지국가에 반대합니다. 자산조사에 입각해서 가난하고 어려운 처지에 있는 이를 선별해 제공하는 복지는, 국민을 주는 자와 받는 자로 분열시키고 주는 자는 박탈감을, 받는 자는 열등감을 느끼게 만든다고 보기 때문이죠. 특히 노동하지 않는 사람을 2류 시민으로 취급한다는 점에서 기본소득주의자들은 복지국가라는 발상을 별로 좋아하지 않습니다.

여러 수준의 정치공동체에서
지급 가능하다

네 번째로 기억해야 할 중요한 사안은 **지급하는 주체는 주로 국가지만, 반드시 국가일 필요는 없다**는 거예요. 기본소득을 실시하는 정치 단위는 주로 국가지만, 지금 현재는 오히려 지자체에서 많이 시행하고 있죠. 우리나라에서도 성남에서 이재명 시장이 청년배당을 하면서 이게 기본소득이라고 홍보했잖아요. 다른 나라에서도 지자체가 많이 하죠. 연방국가 성격이 좀 다르긴 하지만 미국의 알래스카 주 같은 경우가 대표적입니다. 1976년에 알래스카는 석유를 공공재로 보고 이 석유 시추권을 팔아 기금으로 만들었습니다. 제이 헤먼드Jay

Hammond라는 주지사가 알래스카 헌법에다 이 기금에 대한 조항을 박아버렸죠. 이 헌법의 9조 15항에 보면 알래스카영구기금에 대해 이렇게 규정해놓고 있어요. "광물대여 및 사용료 등에서 나오는 수입의 최소 4분의 1 이상을 기금에 적립하고, 이 기금은 오직 소득을 만들어낼 수 있는 투자에만 쓸 수 있다." 헌법에는 석유 대신 미네랄, 광물이라는 표현을 쓰고 있지만 대개의 수익은 석유에서 나옵니다. 어쨌거나 놀라운 일이죠?

더 놀라운 건 해마다 이 '알래스카영구기금'에서 나오는 이익금을 실제로 모든 알래스카 주민들 개개인에게 나눠주고 있다는 거예요. 원칙적으로는 매해 최고 2,000달러를 개인에게 지불할 수 있죠. 하지만 기금이 거두는 이익금의 양에 따라 액수는 해마다 달라집니다. 나쁠 때는 800달러 정도까지 떨어졌다고도 하지만, 보통 해마다 1,000달러에서 1,300달러가량이 개인에게 지급되는데, 2017년에는 1,100달러였다는군요. 3인 가족이라면 3,300달러가량을 받게 되겠죠. 살림살이에 좀 도움이 되지 않을까요? 몇몇 사람이 이 알래스카영구기금을 두고 설왕설래하면서 제대로 작동하지 않고 있다는 식의 비판을 하고 있지만, 이 기금은 아직도 잘 굴러가고 있습니다. 석유 값이 폭락했는데도 1,100달러를 지급한 걸 보면 알 수 있죠.

더 놀라운 깜짝 사실 하나 알려드릴까요? 알래스카 의회가 2018년도에는 1,600달러를 주기로 했답니다. 3인 가족이면

4,800달러죠. 알래스카영구기금이 망했다고 주장하는 분들이 자주 보이는데요, 아닙니다. 실망스럽겠지만 아직 안 망했어요. 오히려 최근 지표는 더 좋습니다. 무엇보다 이 기금이 오래갈 수 있는 토대는 알래스카 주민들의 지지예요. 예를 들어 1999년에 주정부가 한 차례 기금 일부를 다른 데 쓰자고 제안했더니 주민들이 벌떼같이 나서서 반대한 적도 있습니다.

알래스카는 연방국가의 한 주, 우리로 치자면 지자체의 한 사례에 해당하겠죠. 그런데 최근에는 흥미로운 수준에서 기본소득 논의가 나오고 있습니다. '유럽연합 차원에서 기본소득을 주자.' 그런데 이게 놀랍게도 경제적 차원에서 고려된 사안이라네요. 여러분도 아시다시피 최근 유로존이 심상치 않죠. 늘 위기설에 시달리고 있으니까요. 그런데 이 유로존이 위기에 빠진 근본 이유를 살펴보는 가운데 유럽의 경제학자들이 몇 가지 사실을 확인했답니다. 유럽연합이 미국식 연방국가를 은연중에 모델로 삼았다는 사실은 여러분도 알고 있을 거예요. 그런데 '왜 미국의 50개 주는 통합 안정성을 유지하고 있는데 유로존은 그렇지 않을까?' 자세히 들여다봤더니 유럽연합에는 두 가지 완충 메커니즘이 없더래요. 미국은 유럽연합보다 이주가 훨씬 활발하다는 거예요. 유럽연합의 6배 정도의 이주가 일어나고 있는데 여러 지역의 사람들이 서로 이주하면서 완충역할을 했다는 거죠.

두 번째는 국가 간 돈의 이전이 미국보다 유럽연합이 훨씬 약하더란 겁니다. 미국이 20~40배 정도 이전이 많다는 거죠. 다시 말해 활발한 이주와 이전이 통화 메커니즘을 통합시켜 안정성을 획득하는 데 기여했다는 거예요. 만약 유로존이 살아남고자 한다면 통화의 통합성을 강화해야 하는데, 그 방법으로 유로존 차원의 기본소득 이외에는 대안이 없다는 겁니다. 유럽연합이라는 지역적 정치 및 경제연합이 만들어지면서 생겨난 흥미로운 사례인 것만은 분명하네요. 아쉽게도 이 사례는 지금 우리에게 별 도움이 안 될 것 같습니다.

그러고 보니 정작 국가적 차원에서 실시된 기본소득에 대해서는 이야기를 안 했군요. 전 국가적 차원에서 기본소득체계가 제대로 도입된 곳은 아주 흥미롭게도 이란입니다. 이란? 이란이라고요? 네, 맞습니다. 이란입니다. 2010년 9월에 도입되었다고 하는데, 달러로 치면 미국 평균 가정으로 치환했을 때 매해 모든 국민에게 1만 6,400달러 정도 효과가 나는 소득을 지급한다고 합니다. 우리 돈으로 계산하면 매월 거의 150만 원에 육박하는 소득인 거죠. 이란이 산유국인 건 다 아시죠? 그래서인지 이란의 국내 석유 값이 국제시장 가격보다 아주 많이 낮았다는군요. 시간이 지나며 이란 정부가 알게 되었답니다, 이 정책이 불합리하다는 것을. 오히려 국제 가격에 맞게 설정하는 게 국가적 차원에서 보았을 때는 세수도 늘릴 수 있고, 이 돈을 빈곤을 줄이는 데 쓸 수도 있다고 판단했던 거예요. 주목할 만한 부분은 이란 정부가 석유 세입의 일부를 현금혜택의 형식으로 빈자들에게 나눠주기로 결심했다는 겁니다. 현금으로 말이죠. 그래서 방법을 찾았답니다. 어떻게 가난한 사람들에게 필요한 현금을 빠짐없이 전달할 수 있는가? 결론은 하나였답니다. '유일한 방법은 보편적이며 자산조사가 없는 혜택이라는 형식뿐이다!' 이란의 현금분배정책이 기본소득으로 귀결되는 순간이었던 거죠.

기본소득의 재원은 다양하며
환경도 보호할 수 있다

이런 이야기를 하다 보니 여러분이 이렇게 되받아칠 것 같습니다. '알래스카나 이란은 석유가 있으니까 할 수 있는 일이지!' 석유가 펑펑 쏟아져도 안 하는 나라도 많습니다. 러시아가 그렇죠. 그리고 중동의 많은 산유국이 그렇고요. 석유가 있어도 정책결정자가 올바른 결단을 해야 시행될 수 있는 거죠. 어쨌거나 여러분이 할 수 있는 가능한 반론, '석유가 있잖아'는 기본소득의 재원은 뭐냐는 질문과 연결이 되네요.

이제 기본소득과 관련된 다섯 번째 중요한 사안, **'기본소득의 재원은 다양하다. 어떤 재원을 확보하느냐에 따라 환경도 보호할 수 있다'**는 점을 알려드릴게요. 기본소득에 관심이 많은 분들은 기본소득주의자들이 가장 주목하는 공유자원이 '탄소부담금'이라는 사실을 알고 있을 겁니다. 탄소를 많이 배출하는 측에 우리의 공유자원인 대기를 파괴하는 행위에 대한 대가로 부담금을 세금처럼 매기자는 거죠. 합리적인 발상입니다. 이렇게 탄소부담금이 부과된다면 자연스럽게 국가나 기업은 탄소배출이 적은 자원을 활용하거나 환경에 부담을 덜 주는 에너지를 개발하게 될 겁니다. 그래서인지 전 세계의 녹색당이 다 탄소부담금에 찬성하는 것 같아요. 저는 녹색당원은 아니지만, 녹색당을 지지하는 사람으로서, 환경보호라는 취지에 공감하는 시민으로서, 환경은 세계의 공유자원이라고 보는 세계시민으로서 탄소부담금에 찬성하는 입장입니다. 아무튼 탄소부담금을 다른 곳에 쓰지 않고 기본소득을 나누어주는 데 쓴다면 더 좋은 일이겠죠. 2018년의 여름을 경험한 한국 사람들은 다 이 정책을 지지해야 마땅하지 않을까요? 탄소배출로 인한 기후변화가 몰고 온 극심한 변화를 온몸으로 체험했으니 말이죠.

원래 탄소분담금 운동을 본격적으로 시작한 단체는 '기후변화 시민로비단Citizens' Climate Lobby'이었어요. 이산화탄소 1톤당 15달러씩 부과하는 것으로 시작해 매년 톤당 10달러씩 올려간다는 거죠. 그 부담금에서 마련된 돈을 시민들에게 배당해주자는 제안이었습니다. 최근에는 '탄소배당금을 위한 미국인들Americans for Carbon Dividends'이라는 미국의 정치활동위원회PAC도 이 운동을 하고 있어요. 이들은 부담금을 40달러부터 시작해 차근차근 올려서 4인 가정에 매해 2,000달러 정도를 배당금으로 주자고 주장하고 있습니다.

그런데 황당한 건 이 단체가 부시 정부 때 보수적인 에너지 로비단체였다는 거예요. 맥락을 잘 들여다보면 기후변화정책의 변화를 직감한 에너지 기업들, 석탄과 관련된 기업을 제외한 이 기업들이 장기적 이익을 선점하기 위해 일종의 약을 치는 것이라는군요. 의도는 불순하지만 이제 이런 보수적 기업까지 탄소분담금이 기본소득 배당으로 전환되는 것에 찬성하는 걸 보면, 탄소가 명백하게 기본소득을 위한 또 다른 재원임을 확신할 수 있다는 생각이 드네요.

'정기적으로', 상품권이 아니라
'현금으로' 지급해야 한다

자, 이제 기본소득의 여섯 번째 사안, '어떻게 지급하는가'라는 방식에 대해 이야기해볼까요. 기본소득을 기본소득답게 만드는 특징은 바로 **'정기적으로'** 지급된다는 데 있습니다. 만약 일생 동안 딱 한 번 준다거나 하면 그건 기본소득이 아니죠. 일시에 주지 말라고 하면 우리나라 사람들 대부분은 대개의 경우 다달이 받는 걸 생각합니다. 매월 지급받는 방식에 익숙해져 있기 때문이죠. 그러나 기본소득을 다달이 줄 필요는 없습니다. 주별로 줘도 되고, 월별로 줘도 되고, 분기별로 줘도 되고, 연별로 줘도 됩니다. 앞서 살펴본 알래스카영구기금 같은 경우엔 매해, 다시 말해 1년마다 주죠. 핵심은 정기적으로 주는 겁니다. 정기적으로 주는 이유는 기본소득의 핵심이 여러분에게 삶에 필요한 것들을 지속적으로 소비할 수 있는 능력을 주는 것이기 때문입니다. 기본적인 생필품들은 일시적이 아니라 지속적으로 소비되죠. 이 지속성을 맞춰주려면 정기적으로 지급되어야 하고요. 만약 빈자들을 좀더 심각하게 고려한다면 너무 간격이 벌어져서는 안 될 거라는 생각은 듭니다.

그리고 기본소득은 언제나 **'현금으로'** 지급되어야 합니다. 현금이 아닌 형태로 지급되어서는 안 됩니다. 이재명 시장이 기본소득이라며 성남에서 청년배당을 시작했을 때, 지역화폐로 지급했잖아요. 하지만 현금이 아닌 상품권, 지역화폐 같은 경우 수혜자들이 자신의 소득을 쓸 수 있는 용도가 제한돼죠. 사람마다 필요가 다르고 소비하는 방식이 다르다면 현금처럼 충분히 그 용도가 자유로워야만 합니다. 지역화폐나 상품권 등을 지불하고 이걸 기본소득이라고 부르는데, 원칙적으로는 기본소득이 아닙니다. 그 이후에도 이재명 시장은 지역화폐를 엄청 강조하면서 기본소득과 지역화폐를 자꾸 연관시키고 있어요.

하지만 이런 연계는 기본소득의 가장 중요한 조건 중 하나를 위반하는 겁니다. 예를 들어 어떤 사람들은 기본소득으로 여행을 가고 싶을 수도 있을 거예요. 만약 지역화폐라면 여행비로 쓸 수가 없게 되겠죠. 어떤 사람들은 이렇게 말할 수도 있을 겁니다. '지역화폐로는 지역에서 일상용품을 구입하고 용돈은 딴 데 가서 써라.' 합리적인 제안처럼 들리지만 만약 누군가에게 기본소득이 그 사람이 얻고 있는 소득의 전부라면 어떻게 될까요? 이 사람에게 여행이라는 선택지는 온전히 배제되고 말 겁니다. '배부른 소리 하네' 하시는 분들도 있을 것 같네요. 네, 맞습니다. 기본소득, '다 같이 배부르자'고 하는 정책이기 때문에 배부른 소리입니다.

다시 강조하지만 제대로 된 기본소득 정책을 시행하고 싶다면 반드시 현금으로 줘야 합니다. **현금으로 지급해 시장에서 자유롭게 구매할 수 있도록 만들어주는 게 가장 중요한 핵심입니다.** 사족이지만 성남시의 청년배당은, 청년배당이라는 이름에서 알 수 있듯이 청년에게 선택적으로 지급되었다는 점에서, '누구에게나'라는 보편성의 조건도 갖추지 못했죠. 이런 점에서 이걸 계속 기본소득이라고 불러야 하는 건지 모르겠네요.

기본소득은 노동유인을 죽이지도, 죽일 수도 없다

자, 이제 기본소득이 뭔지 간략히 정리해보겠습니다.

첫째, 기본소득은 자산조사나 근로조건 부과 없이, 다시 말해 조건 없이 지급하는 소득이다.

둘째, 기본소득은 모든 개인에게 보편적으로 지급되는 소득이다. 다시 말해 부자들에게도 지급되며, 부자들이 받는 것이 빈자들에게도 이롭다.

셋째, 정치공동체가 일종의 배당으로 지급하는 일차적 소득이라는 점에서 본질적으로는 재분배가 아니다.

넷째, 지급하는 주체는 주로 국가지만, 반드시 국가일 필요는 없다.

다섯째, 기본소득의 재원은 다양하며, 어떤 재원을 확보하느냐에 따라 환경도 보호할 수 있다.

여섯째, '정기적으로', '현금으로' 지급해야 한다.

이제 기본소득과 관련해 마지막으로 나누고 싶은 이야기는 이를 둘러싼 논쟁 중에서 가장 논란이 되고 있는 질문, '기본소득이 노동할 유인을 죽이는가'입니다. 사실 저는 개인적으로 이 질문에 대한 명백한 답이 있습니다. 이건 마치 '부자들이 세금을 더 많이 물게 되면 일할 의욕을 잃을 것인가'라는 멍청한 질문과 비슷하다는 생각이 듭니다. 예를 들어 1억을 버는 사람이 있다고 해보죠. 세금이 진짜 너무 빡세서 5,000만 원을 세금으로 냅니다. 우리나라의 2017년 중간연봉이 세전 2,225만 원입니다. 세전 중간연봉으로 쳐도 2,700만 원 이상 더 버는 상황인 거죠. 그런데 세금을 많이 낸다는 이유로 이 차액 2,700만 원을 쉽사리 포기하고 대다수 사람이 2,225만 원만큼만 일할까요? 그게 과연 합리적인 선택일까요? 그런 일은 죽었다 깨어나도 일어나지 않을 겁니다.

여러분, 혼자 산다고 생각하고 매달 기본소득 50만 원을 받는다고 가정해볼까요? 사실 50만 원으로 생활비 자체가 해결되지도 않겠죠. 당연히 일을 하게 될 겁니다. 일을 해서 벌어들일 소득을 이 50만 원에 더해서 150만 원이 되는 상황을 생각해보세요. 당연히 여러분은 이 상황에서 더 나은 생활을 누릴 수 있다는 걸 알고 있을 겁니다. 오히려 노동할 유인이 생기는 것 아닐까요? 기본소득의 핵심은 '기본소득 50만 원으로 행복하라'가 아닙니다. 오히려 **기본소득에 당신의 노력을 얹어보라**'는 겁니다. 여기서 기본소득의 혜택은 정말 하고 싶지 않은 노동을 하지 않도록 해주고, 좀더 의미 있는 노동을 할 수 있도록 만들어준다는 겁니다. 그리고 때로 노동을 쉬고 싶을 때는 쉽게 만들어줄 수도 있을 거라는 점입니다.

강의의 서두에서 말씀드렸듯, 현재 전 세계적으로 기본소득에 대한 많은 실험이 이뤄지고 있습니다. 실제 대다수 실험의 핵심적 질문은 '기본소득을 받는 사람들이 계속 노동유인을 유지할 수 있는가'입니다. 기본소득주의자들은 계속 유지할 것이라고 답하고 싶어하죠. 앞에서 당장 강의하고 있는 저만 해도 그렇습니다. 그런데 저는 이 질문이 근본적으로는 기본소득에 반하는 것이라고 봅니다. 기본소득 자체의 목적은 노동유인을 주는 것이 아니기 때문입니다. 만약 그렇다면 기본소득은 복지국가의 복지정책과 근본적인 차이점이 없을 겁니다.

열심히 일하지 않아도 괜찮아!

기본소득이 기본소득다우려면 '기본소득을 받는 사람들이 계속 노동유인을 유지할 수 있는가'는 아주 부차적인 질문이어야 합니다. 이 질문에 진지하게 답하는 순간, 또 이 질문에 답하는 게 가장 중요한 목적이 되는 순간, 노동이 우리 삶을 다시 지배하게 되는 것이니까요. 우리의 답은 오히려 '노동을 선택하지 않으면 어때, 그래도 괜찮아'가 되어야 하는 것 아닐까요?

노동을 중시하는 분들에게는 제 답이 성에 차지 않을지도 모르겠습니다. 그럴 경우를 생각해 앞서 언급했던 이란의 사례로 돌아가고 싶네요. 세계경제포럼에 이란의 기본소득정책과 관련해서 이런 보고가 올라와 있습니다. 이란 지역 미디어들이 기본소득정책을 두고, 빈자들이 이 여윳돈을 쓰기 위해 직업을 포기하고 있다는 뉴스를 대대적으로 보도했답니다. 그래서 조사관들이 나섰대요. 이게 실제인지 확인하려고요.

이들이 작성한 보고서에 따르면, 기본소득은 노동공급시장에서, 노동시간이든 노동시장 참여 가능성이든 그 어떤 부정적인 영향도 미치지 않았다는군요.* 대다수 노동자와 하위 40%의 수입에 해당하는 모든 이에게 부정적인 영향을 거의 미치지 않았답니다. 단지 20대들에게 조금 덜 일하는 경향이 있었을 뿐

---

* "Iran tried its own basic income scheme—and people didn't give up working" in *Business Insider* (May 23, 2017).

이라는데, 이런 경향은 이란뿐만 아니라 전 세계적으로 나타나고 있다는 점에서 의미 있는 결과는 아니었다고 합니다. 실상이 이렇건만 미디어도, 대중도 이 보편적 기본소득이 사람들을 게으르게 만든다며 부정적인 반응을 보였답니다. 왜일까요? 어쩌면 우리의 마음 깊은 곳에서 '인간은 일을 해야만 해. 일하지 않고 소득을 얻는다는 건 잘못된 일이야'라는 생각이 지배적이기 때문은 아닐까요?

결론 삼아 분명히 정리하자면, 기본소득에 대한 만족이 노동할 유인을 죽인다는 건 일종의 허상이라는 겁니다. 그런데 사람들은 허상을 현실처럼 인식하곤 합니다. 그걸 우린 '이데올로기'라고 부르죠. 노동하는 자만이 혜택을 받을 자격이 있다는 이데올로기가 허상을 현실처럼 믿게 만드는 겁니다. 이런 허상이 미디어의 호응을 받을 수 있는 건, 어쩌면 이 제도의 실질적 수혜자가 중산층 이상이 아닌, 미디어가 호응하고 보호해줄 필요가 없는 가난한 사람들이기 때문은 아닐까요? 반대로 분노를 느끼는 층이 미디어에 영향을 줄 수 있는 중산층이기 때문은 아닐까요? 분배가 노동 밖으로 나가기가 참으로 어려운 것 같다는 생각이 듭니다.

기본소득은 '소득'만이 아니라
'정의'도 실현한다

마지막으로 기본소득의 효과에 대해 간략하게 이야기해보려 합니다. 우리가 기본소득을 이야기할 때 대다수는 최소한의 생존요건에만 집중하는 경향이 있습니다. 어쩌면 그게 당연한 일일지도 모르죠. 적어도 인간이 자신의 존재의미에 대해 생각해보는 기회를 가질 수 있는 최소한의 조건이 바로 '생존'의 보장이니까요. 그래서인지 기본소득에 대해 이야기할 때 우리는 기본소득이 정말로 가능한 발상인지, 더 나아가 기본소득의 수급액은 얼마인지와 같은, 현금을 주고받는 일에만 집중하는 경향이 있죠.

하지만 기본소득이 그 내부에 깔고 있는 정말 중요한 다른 전제 하나가 있습니다. 뭐냐고요? **기본소득은 사람들이 요구하는 최소한의 필요를 채워줄 뿐만 아니라, 사회정의의 실현에도 도움이 될 것이다**', 바로 이겁니다. 최근 우리 사회에 '갑질'문화가 심각한 문제로 떠올랐죠. 이게 정말 문화의 일부라면 진정으로 저급한 사회적 행위가 우리의 가치체계에 삶의 방식으로 자리 잡았다고도 할 수 있을 겁니다. 땅콩회항부터 시작되어 최근에 그 전모가 드러난 조양호 일가의 갑질사태는 정말 어처구니 없는 사례였습니다. 여러분, 어처구니가 맷돌 손잡이인 건 아시죠? 맷돌에 손잡이가 없다니, 얼마나 어이없는 일일까요? 그런데 그런 일들이 우리 주변에 비일비재하게 일어나고 있습니다. 회사 사장이 자기가 드나드는 건물의 문이 잠겨 있다는 이유로 경비원의 따귀를 때리고, 운전기사에겐 상습적으로 폭언을 퍼붓거나 폭행하고, 수많은 젊은이에게 열정페이를 강요하고 있죠. 더불어 무수한 사람이 아주 열악한 노동환경 아래 일하면서도 문제제기조차 하지 못하는 경우도 있습니다.

이론적으로, 아니 이론에서뿐만 아니라 현실에서도 고용하는 사람들은 임금을 주고 피고용인의 '노동력'을 삽니다. 하지만 미디어에 보도되고 있는 고용자 상당수의 생각은 그렇지 않은 것 같습니다. 이들은 임금을 통해 자신들이 노동뿐만 아니라 피고용자들의 '인격'마저 살 수 있다고 생각하는 듯합니다. 그렇지 않다면 도저히 일어날 수 없는, 타인의 인격을 짓밟는 행위들이 이렇듯 일반화될 수는 없을 겁니다. 이런 현실 속에서 우리 사회는 더 많이 노력한 자들의 사회가 아니라 이미 더 많이 가진 자의 사회로 바뀌어버린 것 같다는 생각을 떨칠 수가 없습니다.

그렇다면 소위 '을'이라 불리는 사람들은 왜 이런 갑질의 만행 아래서도, 부당한 노동환경 아래서도 침묵하게 되는 걸까요? 대개의 경우 '갑'이라 불리는 사람들이 이들의 생계를 손에

쥐고 있기 때문입니다. 대다수 평범한 사람들은 억울한 일을 겪으면 이렇게 말합니다. '먹고살려면 참아야지, 별수 있나!' 우리는 이런 사람들에게 위로랍시고 이렇게 말합니다. '남들도 다 그렇게 살아.' 만약 우리가 부당한 일을 지속적으로 겪고 있다고 할 때, 내게 삶을 누리는 시간 동안 계속 지급되는 기본소득이 있다면 어떨까요? 그 부당함에 용기 내어 저항해도 내가 먹고살 길이 막막하지 않다면 말이죠. 상황이 조금은 달라지지 않을까요? 조금만 용기 있는 사람이라면 이렇게 말할 겁니다. '이렇게 부당한 일, 더는 견딜 수 없습니다!' '이런 열악한 환경에서는 일할 수 없습니다!'

만약 이런 목소리를 지속적으로 낼 수 있다면, 고용하는 이들은 노동자에게 더는 부당한 노동을 강요할 수 없게 되고, 열악한 환경에서 노동하라고 강요할 수도 없을 겁니다. 만약 부당하거나 열악한 노동을 강요할 수 없다면 피고용자들은 임금이나 노동조건을 협상하는 과정에서 더 많은 힘을 갖게 되지 않을까요? 이런 측면에서 기본소득은 사회적 약자들이 실질적 자유에 더 가까이 갈 수 있도록 만들어줄 겁니다.

더 나아가 **기본소득은 여성과 사회적 소수자들에게도 힘을 줄 것입니다.** 사실 서양 복지국가의 기반은 생산사회에서 자본이 요구했던 남성 정규직 임금노동자들이었습니다. 그렇기에 국가가 보호하고자 했던 첫 번째 대상은 그 누구도 아닌 '남성'이면서 '정규직'인 '임금노동자'였던 겁니다. 남성 정규직 노동자들은 임금을 벌어 가족을 먹여 살렸지요. 이렇게 남성 정규직 노동자들이 벌어들이던 돈을 '가족임금'이라고 부릅니다. 이런 '가족임금'이 소비의 원천이 되었기 때문에 가정에서 여성들이 주로 담당하던 '돌봄노동'은 노동으로서 제대로 된 대접을 전혀 받지 못했습니다. 가족임금 구조 속에서 여성들은 남성들이 벌어오는 임금에 종속된 형태로 살게 되는 일이 허다하게 일어났고, 지금도 그런 경향이 이어지고 있지요. 실제 1980년대 이후 신자유주의가 이 값비싸진 남성 정규직 노동력을 여성 비정규직 노동력으로 대체하는 일이 일어났습니다.

하지만 여성 비정규직 노동력이라는 말에서 알 수 있듯이, 여성 대다수는 비정규직에다 동일노동을 해도 남성들보다 임금을 덜 받는 일이 허다하죠. 그러다 보니 여전히 많은 여성이 경제적으로 남성들에게 종속되어 있는 경우가 비일비재합니다. 이런 조건 아래서는 가정 내에 부당한 일이 일어나도 상당수의 여성은 문제제기를 하지 못하는 상황에 처합니다. 경제적 종속이 지위 종속까지 낳는 경우가 가정에서 일어나는 거지요. 만약 기본소득이 있다면 이런 부당한 종속에 맞서 많은 여성이 '아니요'라고 말할 수 있지 않을까요? 특히 직업을 구할 수 없다는 이유로 종속된 수많은 여성이 부당한 일에 '아니요'라고 말할 수

열심히 일하지 않아도 괜찮아!

있게 될 겁니다. 한편으로 기본소득은 사회적 소수자들의 삶에
도 힘이 될 겁니다. 다수자들의 가치관을 받아들이지 않는다 하
더라도 삶을 유지할 수 있다면 소수자로서 자신의 정체성을 유
지하는 데 있어 조금 더 용기를 가질 수 있지 않을까요?

자기 스스로 결정할 수 있는
힘의 원천

기본소득이 지향하는 가장 중요한 원칙이 하
나 있다면, 무엇보다 그건 '자기결정의 원칙'이라는 생각이 듭
니다. 이렇게 표현하니 꼭 제 생각 같네요. 이 '자기결정의 원
칙'은 모든 기본소득주의자가 전제하고 있는 하나의 '이상'입니
다. 이렇게 말하니 또 이상주의자들처럼 되어버리네요. 그럼 이
렇게 말씀드려도 될까요? 지금 우리가 살고 있는 수많은 현실
이 과거에는 '유토피아', 바로 'nowhere', 그 어느 곳에도 존재하
지 않았던 겁니다. 이상주의자들의 힘은 지금 존재하지 않는 세
계를 말하고 그것이 가능하다고 말해주는 데 있습니다. 소위 현
실을 직시하라는 이들은 그런 세상은 불가능하다고 여러분에
게 말하겠지요. 블로흐는 현실을 빙자해 더 나은 세상은 불가능

하다고 말하는 주장을 '이데올로기'라고 불렀습니다. 저는 이런 점에서 지금 존재하지 않는 세계라고 해서 미래에도 존재할 수 없는 것은 아니라고 믿는 사람들을, 롤스의 표현을 빌려 '현실적 유토피아주의자'라고 부릅니다. 바로 이런 현실적 유토피아주의자들을 하나로 묶어주는 이상이 바로 '자기 삶을 스스로 결정하는 일이 가능한 세상'이지요.

여러분도 잠깐만 생각해보면 인정하실 거예요. 사람들을 세상에, 그리고 권력에 길들이는 가장 효과적인 방식은 자기 스스로는 아무것도 할 수 없다는 생각을 머리에 새겨두는 겁니다. 갑질도 그렇기에 가능한 거지요. '네가 이 직장을 관두면 뭘 할 수 있을 것 같아? 더 나은 삶을 살 수 있을 것 같아?' '네가 이혼하면 어떻게 살 수 있을 것 같아? 내가 벌어주지 않으면 네가 먹고살 수나 있을 것 같아?' 스톡홀름 증후군이라고 들어보셨을 겁니다. 인질이 범인에게 감화되는 현상을 말하죠. 매 맞는 아내나 학대받는 아이들도 이와 비슷한 심리적 현상을 겪는다고 합니다. 갑질을 당하면서도, 부당하게 학대받으면서도 '그래도 이 회사가 있으니까, 저 남편이 있으니까 내가 살아갈 수 있는 거야'라는 생각이 드는 이유는, 저 갑질하는 사람이, 저 때리는 남편이 없으면 자기 스스로는 아무것도 할 수 없다는 생각을 하기 때문입니다.

사실 사회적 약자들이 '아니요'라고 말할 수 있는 힘을 갖는다는 것, 불가능에 가깝습니다. '아니요'라고 말했을 때 실제로 먹고살 수 있는 기반 자체가 사라질 수 있기 때문이죠. 대부분의 권력이 사람을 길들이는 방식은 앞서 언급했듯이 의지할 수 있는 모든 것을 없애는 겁니다. 모든 것을 없애고 결국 네가 내 말을 따라올 때만 살아남을 수 있다는 생각을 심어주는 거죠. 우리는 가진 자들의 갑질을 매일매일 목격합니다. 어쩌면 그들에겐 이런 갑질이 하나의 기쁨일 수도 있다는 생각이 듭니다. 장 자크 루소Jean-Jacques Rousseau는 『인간불평등의 기원Discours sur l'origine et les fondements de l'inégalité parmi les hommes』(1755)에서 이렇게 이야기합니다. "부유한 자들이 남을 지배하는 즐거움을 알게 되자 다른 모든 쾌락을 무시하게 되었다." 부를 가지고 다른 사람들을 지배하는 쾌락을 알게 되면 제어할 수 없다는 뜻이죠.

  그렇기에 사람들에게 '아니요'라고 말할 수 있는 힘을 갖게 하는 것, 스스로 자기 삶의 방향을 결정할 수 있는 힘을 갖게 하는 일은 매우 중요한 것입니다. 그래서 기본소득을 주장하는 사람들은 말합니다. "기본소득이 '아니요'라고 말함으로써 자기가 스스로 결정할 수 있는 그 첫걸음을 뗄 수 있도록 도와줄 것이다! 나아가 당신에게 보장된 자유를 실현할 수 있게 도와줄 것이다. 그리고 그 자유의 실현이 사회정의의 실현으로 이어질 것이다. 자유와 정의가 만날 수 있도록 해줄 것이다."

자본과 평범한 사람들이
서로 합의할 수 있는 기본소득

　　요즘 기본소득에 대한 이야기들을 여러 곳에서 들을 수 있습니다. 실제 우리나라에서도 제법 큰 인기를 끌고 있다는 생각이 듭니다. 실제 전 세계적으로도 그렇습니다. 시대의 급격한 변동 속에 무엇보다 사람들이 더는 노동으로 소득을 얻을 수 없는 시대가 올지도 모른다는 자각을 하게 된 데에 그 이유가 있겠지요. 하지만 한편으로 저는 생각해봅니다. 왜 기본소득이 이렇게 호응을 얻고 있을까? 몇백 년 전부터 존재한 이 발상이 왜 지금 이렇게 호응을 얻고 있는 것일까?

　제가 주요한 원인으로 생각하는 이유는 사실 이미 강의를 시작할 때 말씀드린 거나 다름없습니다. 저뿐만이 아니라 많은 사람이 그렇게 생각할 겁니다. 무엇보다 기본소득을 지지하는 자본가들이 늘기 시작했어요. 많은 발전된 국가에서 인구의 급격한 감소와 함께 한편으로는 빈부의 격차가 심해지면서 소비할 수 있는 사람의 숫자가 줄어들기 시작했습니다. 다시 말해 시장에서 상품을 직접 구매하는 사람들이 줄어들기 시작한 거죠. 그러면 자연히 지금의 공급 위주 시장에서 수요가 공급을 따라오지 못하는 현상이 일어나게 되는 겁니다. 그렇기에 모든 개인에게 현금을 지급해서 개인이 직접 시장에서 상품을 구매하도록 만드는 기본소득제도는 자본이 추구하는 이익과 맞아떨어질 수 있는 부분이 있습니다.

사실 시장에서 일어나는 현금구매는 기업에 상당히 많은 이익이 됩니다. 현재의 글로벌 시장에서 자본은 국가가 그 역할을 줄이고 국가가 시행하는 여러 사업을 시장에 내놓으라고 말하고 있습니다. 무엇보다 시장에서 상품을 직접 구매해주는 사람들이 많으면 많을수록 그들에겐 이익이 되기 때문이죠. 만약 국가가 복지정책에서 물러나 모든 개인에게 현금을 지급하고 자신이 원하는 것을 시장에서 스스로 구입하게 만들 경우, 자본은 많은 이익을 누릴 수 있습니다. 복지 수혜자의 입장에서 봤을 때도 나쁠 것은 없다고 하는 이들도 있지요. 실제 대다수의 경우 노동하지 않는 사람이 노동하는 사람보다 더 나은 혜택을 받는 복지제도를 만들면 사람들에게 비난을 받게 되기 때문에 국가는 저급한 수준의 복지혜택을 제공할 수밖에 없습니다. 이런 수혜자의 입장에서 보면 낮은 수준의 혜택을 온갖 사회적 비난을 덮어쓰며 받고 있는 것이죠. 그런데 기본소득제도 아래서는 현금을 지급받기 때문에 제한적이기는 하지만 나에게 필요한 것을 내가 원하는 수준과 방식으로 구매할 수 있게 되는 겁니다.

정리해본다면 자본은 시장에서 직접적인 수요가 많이 생겨난다는 점에서, 수혜자의 입장에서는 스스로 선택해 소비할 수 있다는 점에서, 국가로서는 자본과 소비를 만날 수 있게 해줄 수 있다는 점에서 기본소득은 모두의 이익이 맞아떨어지는 제도가 될 수 있다는 겁니다. 설령 자본을 가진 이들에게 많은 세금이 부과된다 해도 결국 이 돈이 시장에서 계속 소비에 쓰인다면 다시 자본의 주머니 속으로 돈이 돌아가는 구조라 자본도 그다지 잃을 게 없는 제도일 수 있다는 거죠. 왜 수많은 자본가가 기본소득을 지지하기 시작했는가? 자본가들이 좋은 사람이라서 그런가? 기본소득이 자본가들에게도 나쁘지 않다는 판단이 그들에게 섰기 때문은 아닐까? 이런 생각을 해보게 됩니다.

사실 자본이 기본소득을 원하는 것일 수도 있다는 생각이 들면서 뭔가 좀 찜찜해지기 시작했습니다. 그러면서 '과연 이게 맞나?' 하는 생각이 들 때가 있어요. 자본은 정말 이익이 되면 못하는 일이 없죠. 사실 1980년대 페미니즘 운동이 급격히 성장한 데는 신자유주의적 질서를 지지하는 자본의 도움이 있었다는 건 잘 알려진 사실입니다. 이 사실을 지적한 사람이 누구도 아닌 낸시 프레이저Nancy Frazer라는 유명한 페미니스트입니다. 부권적 복지국가에서 남성 정규직 노동력이 값비싸지자 자본이 이걸 대체하기 위해 여성의 사회진출을 밀기 시작했다는 거죠. 결과적으로 오늘날 폭발적으로 늘어난 저임금 비정규직 여성노동자들은 이런 상황의 결과물이었습니다. 남성적 질서에 기반을 두었던 자본주의적 질서가 자기 이윤을 위해 여성주의하고도 결혼을 시도했던 겁니다.

나중에 더 자세히 설명하겠지만 기본소득은 복지국가라는 말과 그렇게 잘 어울리는 말은 아닙니다. 많은 기본소득주의자가 자산조사에 기반을 두고 부자와 빈자를 가르는 복지국가를 탐탁지 않게 생각하거든요. 자본이 복지국가를 해체하길 원하고 있다면 역설적으로 들릴 수도 있지만, 기본소득도 어떤 측면에서 그 궤를 같이하고 있다는 생각이 들 때가 있습니다. 그래서 자본이 기본소득을 열심히 밀기 시작하는 걸 보면서 기본소득이 옳은가, 아닌가 조금 헷갈릴 때도 있습니다. 어쨌든 저도 빠지지 말아야 하는 함정이 있죠. '자본이 원한다고 해서 반드시 나쁜 것은 아니다.' 자본과 평범한 사람, 국가의 이익이 맞아떨어진다면 더 좋은 일이 될 수도 있을 겁니다. 어쨌든 기본소득에 좀더 조심스럽게 접근해야 할 필요는 있겠다는 생각을 하고 있습니다.

자, 이제 기본소득의 기본적 내용에 대해서는 여기서 마무리할까 합니다. 조금 쉬었다가 기초자본은 무엇인지 함께 살펴보기로 하죠.

PART 4

기초자본

모두를 위한
사회적 상속

401

상속되는 자본의 힘

- 3.4경 소유 부호들의 47%, 향후 1.9경 상속 예정
- 3,000만 달러(354억 원) 이상 자산가 9만 9,000명의 자산 중 최소 16조 달러(1경 8,940조 원)가 30년 내 자식 세대로 세습될 전망

30:74

자산 10억 달러 이상의 부자 중 '금수저' 출신 비율이
세계 평균 30%인 데 비해 한국은 74%

2016년 피터슨연구소 발표

50.3 : 1.7

2010~2013년 한국 20세 이상 성인 기준 자산 상위 5%가
한국 전체 자산의 50.3%를 소유한 반면
하위 50%의 자산은 1.7%가량

2015년 동국대 김낙년 교수 발표

6 : 3

한국·미국·중국·일본의 주식부자 중 상속 부호 비중
한국은 10명 중 6명, 미국·중국·일본은 3명 이하

4개국 주식부자들의 재산은 10년 사이 2배(103.8%) 증가
2007년 8,183억 달러 < 2017년 1조 6,675달러

405

기초자본이란

- 국가가 성년에 이른 시민들에게
- 일정 정도의 자본을 목돈의 형태로 제공하는 제도
- 출발선상의 평등을 보장하기 위한 '사회적 지분' 이론
- 자본급여capital grant, 기초자본급여basic capital grant로도 불림

기초자본의 기원과 흐름

- 페인 : **국가기금으로 21세에 이른 모든 이에게**
  토지재산권 체제의 도입으로 자연적인 상속재산권을
  잃어버린 데 대한 대가로 15파운드씩 나눠주자고 주장
  (1797년 당시 농업노동자 한 해 수익의 절반에 해당하는 금액)
- 샌드퍼드, 앳킨슨 : **부의 자본세**
- 르 그랜드 : **유권자 급여** poll grant
- 켈리, 리사워 : **베이비 본드** baby bond
- 애커먼, 알스톳 : **사회적 지분급여** stakeholder grant
  1인당 8만 달러씩 나눠주자고 주장

사회적 지분
재원마련 1단계:
부유세 2%

시간의 흐름에 따라 사회적 지분기금을 증가시키기 위한
여러 방법이 제안될 것.
예컨대 처음 50년 정도의 단계에서는 23만 달러를 초과하는
개인들의 부에 대해 2%의 정액세를 부과하면
80%의 국민은 세금을 내지 않게 될 것.

사회적 지분
재원마련 2단계:
1세대 수급자가 상환

1세대 사회적 지분 수급자가 사망하기 시작할 즈음
단계에서는 사회적 지분에 부과된 상환요건을 통해
재원을 마련할 것.
예컨대 8만 달러의 사회적 지분을 받았던 사람들은
사망 시 이자와 함께 사회적 지분을 상환해야 함.
이를 통해 점차 부유세를 줄이거나 없애는 것도 가능.

오늘날 부자들은 자신들의 부모로부터 인생설계에 필요한 자원들을 물려받는다. (……) 모든 아동이 무조건적인 교육급여를 받는 것처럼, 청년들은 부모의 능력과 무관하게 무조건적인 경제적 자원을 급여로 받아야 한다.

— 브루스 애커먼·앤 알스톳

혹 부모에게서
물려받을 자산이 있나요?

'당신은 부모에게서 물려받을 것이 있습니까?' 누가 이렇게 묻는다고 해보죠. 만약 여러분이 '네'라고 답할 수 있다면 여러분은 이미 반쯤은 성공한 인생을 살고 있는 겁니다. 여러분이 특별한 노력을 들이지 않아도 이미 부모님이 여러분의 삶에 필요한 자산을 준비해놓았다는 뜻이니까요. 그렇다면 여러분은 진심으로 부모님께 감사해야 합니다. 혹 아주 부정한 방법으로 축적해놓은 거라면 사회적으로는 큰 문제가 되겠지만 말이죠.

지금도 여전하지만 2015년 무렵 우리나라를 휩쓸었던 시대담론이 있습니다. 바로 '수저론'이죠. 소위 '헬조선' 담론의 핵심입니다. 우선 '헬조선'에 대해 이야기하기 전에 이 용어의 기원에

관해 언급해둘 필요가 있다는 생각이 듭니다. 원래 이 용어는 극우 '일베' 이용자들이 우리나라를 조롱하기 위해 썼다고 하네요. 젊은이들이 지금의 대한민국 상황을 묘사하는 말로 그 용어의 의미가 바뀐 겁니다. 용어의 기원은 마땅치 않지만, 지금 이 말이 쓰이는 의미는 충분히 곱씹어볼 만하다고 생각합니다.

'헬조선', 저는 이 말이 참 많은 의미를 품고 있다고 봅니다. '헬hell', 소위 '지옥'이라는 거죠. 지옥이란 어떤 곳일까요? 물어놓고도 질문 같지 않네요. 제가 고등학교 때 읽은 책 한 권이 있습니다. 크로닌A. J Cronin이 쓴 『천국의 열쇠The Keys of the Kingdom』 (1941)라는 소설인데, 여러분 중 몇 분은 읽었으리라 생각합니다. 너무 유명한 소설이었으니까요. 이 소설에서 치셤 신부가 흑사병과 맞서 싸우는 장면이 나옵니다. 지옥 같은 상황이었겠죠. 그런데 치셤 신부는 이렇게 말합니다. "지옥은 말이야, 인간이 희망을 잃어버린 상태를 말하는 것일세." 워낙 유명한 말이라 소설을 읽지 않아도 들어본 분들도 있을 겁니다. 어린 마음에 그 말이 얼마나 와 닿았던지 곧장 외워버린 구절이었어요. 그런데 우리 젊은이들이, 이 나라를 '헬', 그 희망이 없는 상태, 지옥이라고 부르고 있습니다. 한편 그 '헬' 뒤에 붙는 말이 '조선'이에요. 우리나라를 비하하는 용어로 식민지가 되어버린 조선을 썼다는 생각도 들지만, 저는 이게 신분사회로의 회귀라는 의미를 담고 있다고 봅니다. 누구나 노력하면 신분이동이 가능한 사회에 살고 있는 줄 알았는데, 더 정확히 알고 보니 계층 간 이동이 차단된 사회, 여간한 노력으로는 소위 계층상승이 불가능한 봉건시대의 사회에 살고 있다는 그런 뜻으로 말이죠. 바로 이런 발상이 헬조선 담론의 핵심인 '수저론'의 기저를 이루고 있다는 걸 우리 누구도 부정하지 못할 겁니다.

'수저론', 부모가 물려준 수저의 색깔이 자식의 신분을 결정한다는 이 담론, 아주 설득력이 있지요. 자본주의 사회에서 상속이 사회에 미치는 영향은 점점 더 커져만 가고 있습니다. 실제 상속은 한 사람이 한꺼번에 어느 정도 큰 자본을 만들 수 있는 좋은 기회죠. 자본주의 사회에서 종잣돈이 있다는 건 그만큼 남들보다 부를 축적할 수 있는 기회가 있다는 뜻이죠. 대다수의 경우 자본이 노동보다 더 큰 이익을 만들어냅니다. 더불어 더 큰 자본일수록 더 많은 이익을 남길 수 있지요. 예를 들어 똑같이 자본 평균수익률이 10%라 하더라도 4억, 4,000, 400의 10%는 전혀 다르죠. 예를 들어 4억의 10%는 4,000이고 4,000의 10%는 400이잖아요. 평균수익률은 같지만 4억을 가진 사람이 4,000만 원을 가진 사람보다 3,600만 원을 더 번 거죠. 이게 다시 투자된다고 생각보세요. 그 수익의 차이는 엄청나게 더 벌어질 겁니다. 그러니 명백하게 일정 수준 이상의 상속을 받은 사람들과 그렇지 못한 사람들의 삶이 다를 수밖에 없어요. 결론적으로 상속은 출발선상부터 '기울어진 운동장'을 만들 수 있습니다.

다시 이야기하던 것으로 돌아가볼까요. '한번 흙수저는 평생 흙수저', 자산의 세습이 고착화되어서 운동장이 너무 기울어져 어떻게 해도 평평해지지 않는다는 뜻입니다. 강의 중에 한 차례 말씀드렸죠. 우리나라 부의 분배 상황. 2013년 기준으로 우리나라 소득 상위 10%는 전체 부의 66%를, 하위 50%는 1.7%를 가지고 있는 이 현실. 그런데 이 통계를 만든 김낙년 교수님이 하나 더 알아낸 사실이 있습니다. "2010년 기준으로 소득 상위 0.01%(3,895명)의 평균소득(27억 3,084만 원)이 전체 국민(20세 이상 성인) 평균소득(1,639만 원)의 167배에 이른다"는 겁니다(『한겨레』, 2015년 1월 13일). 극단적인 빈부의 격차가 훤히 드러나죠. 이 통계가 진짜 '한번 흙수저는 평생 흙수저'라는 젊은이들의 한탄을 한눈에 뒷받침하는 것 같아 너무 마음이 저립니다.

사람에게 자산이 결핍되어 있다는 것, 그리고 그 결핍이 마치 유전되듯이 대물림된다면……. 여러분, 여러분 스스로에겐 어떤 의미일까요? 대물림되는 그 결핍이 젊은이들의 말처럼 연애도, 결혼도, 출산도, 취업도, 주택도, 인간관계도, 더 나아가 희망도 포기하게 만든다면 말이죠. 소위 N포 세대, 무한포기 세대가 탄생한 겁니다. 여러분의 삶이 이런 모습이라면 아마 이런 땅에 살고 싶지 않을 거예요. 장강명이 쓴 『한국이 싫어서』 같은 소설이 괜히 나오는 게 아닌 것 같습니다. 실제 이런 포기 현상은 통계에서도 드러나는데요, "비경제활동인구 중 '일할 생각이 없거나 구직을 포기한 사람'이 2005년 14%에서 2013년 30.5%로 2배 이상 증가했다"네요(『프레시안』, 2015년 10월 19일).

상속의 힘

이 수저론이 내세우는 상속의 힘을 이론적으로 증명한 저서가 바로 토마 피케티Thomas Piketty의 『21세기 자본 Capital in the Twenty-First Century』입니다. 피케티는 국민소득 가운데 노동해서 버는 소득보다 자본이 벌어들이는 소득 비율이 너무 높아졌다는 점을 지적하죠. 피케티는 경제성장률과 자본수익률의 관계에 주목하면서 역사적으로 경제성장률이 낮아질수록 자본수익률이 차지하는 비중이 높아진다는 점을 밝혀냈습니다. 자본수익률의 비중이 높아지고 그 이익이 자식 세대에게 세습되면서 사회적 불평등이 심화된다는 현상과 함께 말이죠. 피케티는 우리가 살고 있는 지금 이 순간이 지구적 차원에서 경제성장률이 낮아지면서 더 많은 비중을 차지하게 된 세습자본이 불평등 현상을 만들어내고 있다고 주장합니다.

그렇다면 실제로 상속의 힘은 어느 정도나 되는 것일까요? 2015년 재미있는 신문기사가 하나 났습니다. "3.4경 가진 부호들 47%, 향후 1.9경 물려줄 것. (……) 상속세율 50%." 3,000만 달러(345억 정도) 이상을 가진 부호들이 자식들에게 30년 내로 16조에 이르는 자산을 세습할 것이라는 기사였죠. 소위 슈퍼리치들이 재산 절반을 30년 내로 자식 세대에게 넘겨준다는 겁니다. 이런 세습자본이 만들어내는 효과에 대한 재미있는 사례가 하나 있어요. 저는 잘 몰랐는데요. 여성분들 사이에 유명한 화장품 브랜드가 있답니다. 로레알이라고. 이 로레알의 상속녀가 릴리앙 베탕쿠르에요. 아버지로부터 상속을 받았고 1990년 기준으로 20억 달러 정도의 가치를 지니고 있었답니다. 이 재산이 2010년에 250억 달러로 불어났대요. 20년 동안 자산가치가 무려 12.5배나 뛴 거죠. 그런데 릴리앙 베탕쿠르는 단 하루도 일한 적이 없답니다. 그냥 재산을 자본시장에 넣어두고 자기 인생을 즐기며 살았답니다. '사람이 아니라' 돈이 돈을 벌었던 겁니다. 돈은 일정 정도의 규모가 되면 그 자체로 동학을 가지기 때문에 우리가 생각하는 것보다 훨씬 빨리 그 규모가 커지게 되죠. 부모 세대로부터 16조를 물려받게 될 자식들, 그냥 은행에 돈만 넣어두고 아무 일 안 해도 되는 거예요. 우리는 젊은이들에게 '노력하면 돼'라고 하지만, 저 돈을 물려받는 자식들은 무슨 노력을 했던 걸까요? 빌 게이츠가 그랬답니다. "많은 돈은 자식에게 좋지 않다. 그래서 나는 '아주 조금만' 물려주겠다." 실제 퍼센트로만 보면 정말 조금 물려주는 것 같아요. 한 0.1% 될까요? 그런데

열심히 일하지 않아도 괜찮아!

1,000만 달러, 우리 돈으로 100억 원이 넘는 돈을 준다는군요. 물론 빌 게이츠가 살아 있는 동안 자식들이 받게 될 수많은 혜택은 그냥 덤이고요.

2016년에 피터슨연구소에서 상속에 대한 연구를 발표했습니다. 이 연구에 따르면 "세계에서 자산 10억 달러 이상 부자 중 30%가 금수저 출신으로서 증여나 상속으로 부자가" 됐답니다. 빌 게이츠처럼 10억 달러 밑으로 물려주는 부자들이 서양에는 그래도 제법 많다는 거죠. 이 연구에 한국도 들어가 있었는데요, "한국은 상속이나 증여로 10억 달러 이상 부자가 된 비율이 74%"였답니다. 10억 달러면 얼마죠. 1조인가요? 상상이 안 가네요. 너무 액수가 높다고요? 그럼 조금 낮춰볼까요? 기업경영 성과 평가사이트 CEO스코어라는 곳에서 한국·미국·중국·일본 등 4개국 상위 주식부자 160명의 2007~2017년 재산 현황을 조사했답니다. 이 중 상속형 부자가 48명이었다는데요, 한국 부자가 25명이었다는군요. 미국·중국·일본은 10명 중에 3명 정도가 상속형 부자인 데 반해 우리나라는 6명이 넘었답니다. 다른 나라보다 상속이 미치는 힘이 훨씬 더 강했다는 거예요. 조사한 160명 중에 자수성가한 부자가 112명이었다는데, 이 중에 한국 부자는 고작 15명이랍니다. 우리나라가 다른 나라에 비해 상속이 훨씬 더 많이 부에 영향을 미치고 있다는 간접적인 증거인 셈이지요. 수저론은 바로 이런 경향이 사회 전반에 퍼져 있다는 직접적인 담론입니다.

　그런데 여러분에게 진짜 강조하고 싶은 부분은 따로 있습니다. 바로 단지 돈만 상속되는 게 아니라는 점이에요. 부는 자산의 상속뿐만 아니라 그 부를 통해 자식 세대에게 교육과 지식, 건강, 더 나아가 사회적 생활양식과 교양까지도 상속하는 경향이 있거든요. 이런 상속은 눈에 직접적으로 보이지는 않지만 개인들의 매우 강력한 '미래자본'으로 작동하게 됩니다. 제가 '미래자본'이라고 부는 이 세습자본은 '아비투스habitus'라는 사회학적 개념과 가까운데요, 태생적으로 주어지는 사회적 지위, 그 개인이 속한 사회구조에 상응하는 복잡하고 다양한 교육을 통해 만들어지는 거죠. 우리는 흔히 사회적 교양을 갖추지 못한 부자들을 '졸부'라고 부릅니다. 어느 날 갑자기 부자가 돼버려서 그 사회적 지위나 계층에 걸맞은 교양이나 태도를 갖추지 못했다는 의미죠. 이런 졸부들은 진짜 부자들 사이에서 알게 모르게 소외되겠죠. 어쨌거나 막대한 부를 가진 사람들만이 공유한 '미래자본'이 다음 세대로 세습된다고 생각해보세요. 그들만의 강력한 세계가 만들어지지 않을까요?

　이처럼 상속은 물질적으로, 혹은 삶의 태도와 방식에서 불평등을 만들어냅니다. 하지만 상속 그 자체를 잘못된 것이라고 할 수 있을까요? 개인이 정당하게 노력해서 취득한 자산을 주고 싶은 사람에게 이전하는 것, 그 자체를 잘못된 것이라고 취급하기는 쉽지 않다는 생각이 듭니다. 정당한 취득이 정당한 이전으로 이어진다면 말이죠. 우리가 삼성 일가를 비난하는 이유는 이들의 부가 정경유착의 산물이라는 점에서 정당한 취득의 원칙을 위반했을 뿐만 아니라 자식들에게 편법으로 재산을 증여함으로써 정당한 이전의 과정도 거치지 않았기 때문입니다. 만약 정당한 취득과 이전이 이루어졌다면, 이에 대해서는 사실상 비판할 여지가 없는 겁니다. 그렇다면 자연스레 문제는 상속 그 자체가 아니라, 그 상속이 매우 불평등하게 이뤄진다는 점이라는 결론에 도달하게 되겠죠. 만약 사회에서 소수만 충분히 상속받고 다수는 상속받을 것이 없다면 어떻게 될까요? 누구는 많이 상속받고 누구는 상속받을 것이 없는 그 불평등한 상태, 이 문제를 과연 어떻게 다루어야 할까요?

부모가 아니라
사회가 상속을 한다면?

'일하지 않는 자여, 먹지도 말라'고 한다면 아마 앞서 언급했던 릴리앙 베탕쿠르 같은 사람들이 제일 먼저 굶어야 할 겁니다. 먼저 말씀드리지만 개인적으로 베탕쿠르에겐 전혀 감정이 없어요. 하지만 '노동하는 자만이 먹을 자격이 있다'고 할 때, 베탕쿠르는 그 자격에서 첫 번째로 배제되어야 할 사람이죠. 노동한다는 행위가 인간이 마땅히 지켜야만 할 윤리라면 그 노동윤리의 가장 먼 곳에 있는 사람이니까요. 하지만 아무도 그녀가 노동하지 않는다고 비난하지 않습니다. 그 이유는 우리 모두 다 알고 있는 것 같아요. 그녀에겐 소비할 수 있는 충분한 돈이 있기 때문이 아닐까요. 하지만 반대로 생각해보세요. 돈 없는 사람이 노동하지 않는다면 대부분의 사람은 어떻게 반응할까요? '게을러서 그래.' 베탕쿠르나 돈 없는 사람이나 노동하지 않는다는 점에서는 똑같지만 비난은 한쪽으로만 향할 겁니다. 왜 한 사람은 비난에서 자유롭고 한 사람은 그렇지 못할까요? 바로 '상속,' 물려받은 재산의 차이가 만들어낸 거죠.

상속은 노동이라는 전제를 완전히 벗어나 있는 사회적 제도입니다. 솔직히 상속만큼 철저하게 개인이 타고난 운에 의지하고 있는 제도도 없을 겁니다. 우리는 누구의 자식으로 태어나는 일을 선택할 수가 없습니다. 재능은 있지만 어려운 가정에서, 혹은 평범한 가정에서 태어난 아이들에게 흔히 부모님들이 하시는 말씀이 있죠. '네가 조금만 더 여유로운 집에서 태어났더라면.' 부모님이 이런 말씀을 하실 때마다 부모님뿐만 아니라 우리의 마음도 찢어질 듯한, 그런 때가 종종 있어요. 더 놀라운 건, 아니 좀 부끄러운 건 '그런 말 하지 마세요' 하면서도, 그랬

열심히 일하지 않아도 괜찮아!

으면 하고 바라는 나 자신을 볼 때가 있다는 거예요. 갑자기 이야기가 조금 슬퍼지는 것 같네요.

자, 이제 기분을 바꿔볼까요? 세상의 현실이 이런 걸 알고 '부모가 상속할 수 없다면, 국가가 상속해주자'라고 주장하는 사람들이 있습니다. 아이들이 자라나 성년에 이르렀을 때 국가가 그 아이들에게 인생을 출발할 수 있는 종잣돈을 주자! 부모가 상속을 할 때 자식들에게 노동의 조건을 걸지 않듯이, 사회도 상속하면서 노동의 조건을 걸지 말자! 이제 조금 기분이 나아지셨나요? 부모 대신 국가가 성년에 이른 시민들에게 일정 정도의 자본을 목돈의 형태로 제공하는 제도, 바로 기초자본입니다. 솔직히 말하자면, 저는 이 기초자본이 기본소득보다 더 나은 대안이라고 생각하는데요, 간단하게 '난 종잣돈이 좋아요! 큰돈이 좋아요!'라고 정리할 수 있겠네요.

인생을 출발할 종잣돈을 지급하라!

기초자본은 자본급여, 기초자본급여라고 불리기도 합니다. 노동을 분배의 조건으로 삼지 않는다는 점에서 기본소득과 동일한 정신을 가진 제도지만, 그 취지와 방법에서 아주 큰 차이를 보이는 제도죠.

우선 기본소득은 개인이 소비를 할 수 있는 일정 수준의 소득을 유지하게 해주자는 제도입니다. 그래서 그 소비력을 꾸준히 유지시키기 위해 일정 기간마다 정기적으로 지급하는 겁니다. 우리나라에서는 지난해 기본소득전북네트워크에서 4명에게 6개월간 50만 원씩 주는 실험을 했죠. 4명이라 표본이 너무 작긴 한데, 시민단체 실험의 한계일 겁니다. 어쨌거나 이 실험에서 우리가 주목해야 할 부분은 매달 50만 원이 지급되었다는 사실이죠. 6개월간 4명에게 계속 소비할 돈이 주어졌다는 겁니다.

친구들과 1박 2일 나들이 26만 원+후배와 외식 10만 원+성당 동생과 식사 3만 원+친구와 식사 3만 원+어머니와 외식 3만 원+ 선후배와 식사 5만 원=50만 원

이 실험에 참가한 분이 적어낸 첫 달 사용내역이라는군요. 다음 달 내역도 그렇게 다르지 않았다는데요, 내역을 보면 알 수 있듯이 개인에게 소비할 수 있는 능력을 준 거죠.

하지만 기초자본의 목표는 기본소득과는 아주 다릅니다. 아주 다른 정도가 아니라 닮은 데가 없다고 표현해야 적절할 것 같아요. 기초자본의 목표는 **'한 정치공동체 혹은 국가에 속한 구성원들이 출발선상의 평등을 최소한이라도 누릴 수 있도록 하자'**

는 겁니다. 그래서 매달 소비할 돈을 주는 것이 아니라 일정 연령에 이른 구성원들에게 자기 인생을 설계할 수 있는 목돈, 소위 종잣돈을 지급하는 거지요. 예를 들어 18세, 21세 등 일정 연령에 이르렀을 때 국가가 성년이 되어 자기 인생을 시작하는 이들에게 2,000만 원이든 3,000만 원이든 목돈을 한꺼번에 주자는 겁니다. 기초자본을 옹호하는 사람들은 '이런 목돈이 인생을 설계할 수 있는 기회를 줄 것'이라고 주장합니다.

기초자본의 기원과 역사

어떠세요. 성인이 되어 본격적인 삶의 출발점에 선 청년들이 자신만의 계획을 세우고 실행할 수 있는 자금을 주자는 이 제도! 마음에 드세요? 이런 생각을 최초로 제안했던 사람은 토머스 페인Thomas Paine이라는, 작가이자 사상가이자 혁명가였던 18세기 인물입니다. 페인의 경력을 보면 좀 특이한 측면이 있는데요, 근대국가를 열었던 두 혁명, 미국 혁명과 프랑스 혁명 모두에 관여했던 인물이었어요. 개인적으로 아주 좋아하는 사상가입니다. 그런데 기본소득네트워크가 제시하는 기본소득의 역사에도 페인이 등장합니다. 그런데 페인을 여기에 넣는다면 그가 제안했던 기초자본의 성격을 무시하는 거라는 생각이 들어요. 1797년, 그러니까 1789년에 시작된 프랑스 대혁명이 막바지에 이를 무렵, 페인이 『토지분배의 정의*Agrarian justice*』라는 소책자를 발간합니다.* 실제로 쓰인 시기는 1795년부터 1796년 사이라고 하는데요, 혁명이 진행되는 혼란한 시기에 이걸 펴낼 것인지 평화의 시기가 올 때까지 기다릴 것인지 망설였다고 하네요. 그런데 한 주교가 '하느님이 부자와 빈자를 만드셨다'는 설교를 한 걸 보고 이 글을 공식적으로 발표하기로 했다는군요. 이 글에서 페인이 얼마나 근사하게 말하는지 읽다 보면 그냥 심장이 '콩' 하고 떨어지는 부분이 있어요. 이 책의 영문판 서문에서 페인은 이렇게 씁니다.

하느님이 부자와 빈자를 만드셨다는 말은 잘못된 것이다. 하느님은 오로지 남성과 여성을 만드셨다. 그리고 이들에게 이 대지를 그들의 유산으로 주셨다.

주교님 말씀이 정답인 분은 이 대목에서 심장이 '콩' 떨어졌다는 제 말이 그다지 설득력이 없을지도 모르겠네요. 하지만 하느님을 믿는 분은 제 말에 공감하실 것 같습니다. 하느님이 아

---

* Paine, *Agrarian Justice*, Digital edition, 1999, by www.grundskyld.dk, p. vi.

열심히 일하지 않아도 괜찮아!

담과 이브를 창조하셨을 때, 그들은 부자도, 빈자도 아니었잖아요. 페인이 더 멋있게 느껴지는 건 다음 말이에요. "신부들이 건방지게 인류의 한 부분만 고양하는 설교를 하는 대신 인간이 지금 현재보다 덜 비참했던 시절의 일반적인 상황을 제시하는 게 더 나을 것이다." 여러분, 페인 참 대단하지 않아요? 하느님이 부자를 만들었다는 신부들을 향해 '건방지다'고 일갈하잖아요. 저 같은 졸보는 쓰지도 못할 표현인데 말이죠.

페인은 이 책의 본문에서 급격히 진행된 토지의 사유화가 빈부격차의 원인이 되고 있다는 점을 지적합니다. 그런데 페인이 볼 때 이런 토지의 사유화는 올바른 것이 아니었어요. '이 지상은 인류의 공동자산'이기 때문입니다. 앞서 보았죠. '신이 남성과 여성을 만든 후 이들에게 이 대지를 유산으로 주셨다.' 그러니 이 지상의 모든 대지는 마땅히 인류가 함께 소유해야 하는 거죠. 그런데 이 토지가 사유화돼버린 거예요. 이 부당함을 페인은 이렇게 표현합니다.

인간이 이 대지를 만들지 않았다. 인간이 이 대지를 점유할 자연권은 있을지라도 대지를 그 어떤 부분이라도 영구히 자신의 재산으로 만들 권리는 없다.[**]

[**] Paine, *Agrarian Justice*, Digital edition, p. 9.

그런데 누군가가 영구히 점유하면서 심각한 문제가 발생한 겁니다. 토지가 온전히 사유화되어버린 이후에 태어난 세대들이 그 토지를 점유할 자연권을 박탈당하고 만 거죠. 페인은 이 문제를 해결하기 위해, 영국의 예를 들어 이렇게 이야기합니다. "국가기금을 만들자. 이 돈으로 21세에 이른 모든 이에게 15파운드씩 나눠주자."* 학자들이 이 15파운드가 얼마인지 계산해 봤더니 당시 농업종사자들이 벌어들이던 수익의 절반 정도에 해당하는 금액이라고 합니다.

페인이 더 혁신적이었던 건 이런 제도가 모든 국가에 적용될 수 있다고 믿었던 부분이에요. 사실 페인이 이 소책자를 헌정한 이들이 있습니다. 당시 프랑스 공화국의 입법부와 행정부의 운영진들이었죠. "이 저작에 담긴 제안은 어느 특정 국가에 한정되는 것이 아니다. 이것이 기초한 원칙들은 일반적이다." 모든 국가가 이 제도를 보편적으로 시행할 수 있다는 것이었죠. 이 지상의 모든 것이 애초에 공유물이었다면, 언제 태어나든 모든 인류가 하느님이 주신 자산을 공유할 권리가 있다는 주장, 그런 권리가 박탈된 후대들에게 보상해주자는 제안, 아주 논리적이고 합리적이지 않나요. 사실 페인의 제안은 인클로저 운동으로 토지 사유가 절정에 달했던 유럽에서 아주 설득력 있는, 합리적

* Paine, *Ibid*, pp. 8~10.

인 대안이었다는 생각이 드네요.

하지만 이런 주장이 너무 급진적이었을까요? 페인의 주장은 19세기에서 20세기 중반까지 오랫동안 주목받지 못했습니다. 독립적인 발상이라기보다는 오히려 기본소득의 역사 속 일부로 받아들여진 듯 보입니다. 이 아이디어가 20세기 중후반에 영국에서 다시 되살아나기까지 말이죠. 기초자본이라는 발상을 분배의 상상력으로 옮겨온 20세기 인물은 1960년대 영국 노동당의 세제정책에 많은 영향을 미쳤던 세드릭 샌드퍼드Cedric Sandford였어요. 이분이 '마이너스 부유세negative wealth tax'를 제안하면서 다시 주목받을 때까지 상당한 시간이 걸렸죠.** 샌드퍼드는 정치경제학자로서 세금 전문가였다고 합니다. 특이하죠? 저도 그의 책을 읽으면서 깜짝 놀랐습니다. '아, 정치학을 하려면 경제학을 이 정도는 알아야 하는 거구나.'

어쨌거나 이분이 '빈곤의 덫'에 갇힌 사람들을 구제하기 위해 이런 제안을 합니다. "국가에서 태어나고 거주한 개인이 일정 연령에 이르렀을 때 한 차례 2,000파운드의 목돈을 지급하자." 그 연령은 21세 정도로 할 수 있고 최소한 18세는 되어야 한다고 말하죠. 이 돈의 용도를 설명하는 부분이 나오는데, 젊은 커플이라면 두 사람이 돈을 합쳐 주택보증금으로도 쓸 수 있

** Cedric Sandford, *Economics of Public Finance* (Oxford: Pergamon Press, 1969), p. 361.

을 것이라는 대목이 있습니다. 저는 그 부분을 읽으면서 마음이 왜 그렇게 짠한지 모르겠더라고요. 또한 가난한 이들이 고등교육에 이 돈을 쓰면 장기적으로 더 많은 소득을 얻을 수 있을 것이라고 합니다. "이런 점에서 이 제도는 모두를 이롭게 할 것이다!" 그리고 이걸 '마이너스 부유세', 다른 이름으로 '국가포상금national bounty'으로 부릅니다.

그런데 이 아이디어를 피케티의 스승인 앤서니 앳킨슨이라는 대가가 『불평등을 넘어』라는 책에서 샌드퍼드가 설명하는 또 다른 정책인 '마이너스 자본세negative capital tax'와 착각해서 오기하고 있어요. 마이너스 부유세를 마이너스 자본세라고 잘못 쓴 거죠. 문제는 기초자본을 소개하는 다른 학자들이 이 잘못된 용어를 다 따라 쓰고 있다는 겁니다. 해외 유명 학자들조차 그러더라고요. 제발 스스로 좀 찾아보는 최소한의 노력이라도 했으면 좋겠습니다.

다시 좀 전의 이야기로 돌아가면, 샌드퍼드의 이 아이디어를 역시 노동당에서 경제자문 역할을 하던 줄리언 르 그랜드Julian Le Grand가 받았습니다. 1989년에 발간한 『시장 사회주의Market Socialism』에서 '유권자 급여'라는 이름으로 말이죠.* 르 그랜드는

---

* Julian Le Grand, "Markets, Welfare and Equality," in Julian Le Grand and Saul Estrin, eds., *Market Socialism*(Oxford: Oxford University Press, 1989), pp. 210~211.

열심히 일하지 않아도 괜찮아!

재산에다 세금을 부과해서 이 돈으로 성인이 된 모든 젊은이에게 동일한 자본을 분배받을 수 있도록 하자고 제안합니다. 재산에 부여할 수 있는 세금은 두 가지 유형이잖아요. 첫 번째는 부의 보유세, 두 번째는 상속이나 증여에서 나오는 부의 이전세. 여기에 세금을 부과하면 대개 조세저항이 심각하지만 이 돈을 다음 세대의 부를 증식시키는 데 활용한다면 부의 확대뿐만 아니라 조세저항도 줄일 수 있을 것이라는 제안이었죠.

영국에서 이렇게 기초자본에 대한 이론적 수용이 활발하게 이루어지던 무렵, 대서양 건너편 미국에서 뜬금없이 『지분소유자 사회 The Stakeholder Society』(1999)라는 책이 출간됩니다. 브루스 애커먼과 앤 알스톳이라는 두 학자의 공저였죠. 앞에서 제가 토머스 페인이 기초자본의 조상님이라고 말씀드렸죠. 애커먼과 알스톳은 페인에게 너무 감명을 받은 나머지, "지금 심각하게 번져가는 불평등의 문제를 해결할 수 있는 더할 나위 없이 좋은 방법이 여기에 있다"라고 강하게 확신하는 말로 책을 시작합니다. 나중에 기초자본의 이론적 모델을 설명할 때 조금 더 자세히 말씀드리겠지만, '세대 간 부의 이전이 불평등의 문제를 해결하는 데 중요한 역할을 할 것이다'라는 발상에서 시작하고 있어요. 이들은 "모든 젊은이가 일정 연령에 이르렀을 때 국가가, 사회가 상속을 해주자. 이 상속이 우리 젊은이들에게 기회의 평등을, 실질적 자유를 줄 것이다. 무엇보다 자신의 인생을 자신의 방식으로 설계할 수 있는 기회를 갖게 될 것이다"라고 주장합니다.

이 책이 발간되자 영국에서 아주 좋은 반응을 얻었어요. 애커먼과 알스톳이 제안한 '모든 사람이 사회적 지분을 소유하자'는 제안이 이미 영국에서는 '지분소유자 자본주의stakeholder capitalism'라는 이름으로 노동당 내 중도좌파들 사이에 인기를 얻고 있었기 때문이죠. 정치경제학자인 윌 휴턴Will Hutton이 1994년에 『우리가 있는 국가: 왜 영국은 위기이고 어떻게 극복할 것인가The State We're in: Why Britain Is in Crisis and How to Overcome It』라는 책에서 비슷한 발상을 내놓았고, 특히 중도좌파들이 이 제안을 적극 지지하고 있었던 겁니다. 그런데 휴턴이 제안한 내용은 독일식 모델로, 기업에서 노동자 대표들을 회사 경영과 작업장 운영에 참여시키는 것이었다는군요. 그리고 이 모델이 영국에는 적합하지 않다는 비판이 대세였대요. 이게 영국에서는 개인 자산이나 자본 지분의 좀더 광범위한 확산을 보장하는 것으로 변형, 발전되고 있었답니다. 그러니 애커먼과 알스톳의 제안이 이 노동당 내 중도좌파들에게 큰 호소력을 지닐 수 있었던 거지요.

실제 『지분소유자 사회』가 출간되고 난 다음에 영국 노동당과 연계된 싱크탱크들이 이를 정책적으로 구현하는 아이디어를 제시하죠. 영국에는 노동당과 연계되어 있는 중요한 두 개의

싱크탱크가 있습니다. 하나는 페이비언 소사이어티Fabian Society
고, 다른 하나는 공공정책연구소Institute for Public Policy Research: IPPR
입니다. 각각의 연구소에서 관련된 아이디어가 나오는 거죠. 우
선 페이비언 소사이어티에서는 르 그랜드가 '유권자 급여'를 발
전시켜 데이비드 닛산David Nissan과 함께 '스타트업 급여Start-Up
Grants'라는 걸 제안합니다.* 이들의 주장은 영국 시민들이 18세
가 되었을 때 1만 파운드씩 지급하자는 것이었죠. 좀 특이한 사
항이 있다면 이 1만 파운드를 쓰는 용도에 제한을 두었다는 거
예요. 고등교육, 직업훈련, 주택마련, 창업에만 쓸 수 있게 말이
죠. 공공정책연구소에서는 개빈 켈리Gavin Kelly와 레이첼 리사워
Rachel Lissauer가 좀 색다른 방식의 제안을 합니다. "출생한 모든 아
이에게 1,000파운드의 출생급여를 지급하자. 이 돈으로 투자계
좌를 하나 만들어 18세가 될 때까지 손대지 못하게 하자. 아이들
이 자라나는 동안 이 돈도 굴러서 커질 것이다!" 이들 역시 이 돈
을 쓰는 용도는 제한해야 한다고 주장합니다. 교육이나 주택보
증금 같은 걸로 말이죠. 페이비언 소사이어티의 제안이 좀더 전
통적인 방식의 기초자본이라면, 공공정책연구소의 제안은 훨씬
신선한 방식이었죠. 결국 노동당 내에서 정말 이 양자를 두고 논

* Le Grand and David Nissan, *A Capital Idea: Start-Up Grants for Young People*, London: Fabian Society, 2000.

쟁이 벌어졌고 최종적으로 선택된 건 사실상 '베이비 본드', 공공정책연구소의 안이었습니다. 결과적으로 노동당이 2004년에 '아동신탁기금'을 만들어 정책적으로 실현하게 됩니다.

오늘 강의의 내용이 '기초자본이란 무엇인가'인데, 이런 역사에 바탕을 두고 하나는 이론적인 사례를, 나머지 하나는 실천적인 정책으로 구현된 사례를 통해 알려드릴까 합니다. 이론적인 사례는 누가 뭐래도 애커먼과 알스톳의 '사회적 지분급여' 모델이고, 실천적인 사례는 당연히 영국 노동당이 실행한 '아동신탁기금'입니다.

모두가 자신의 지분을 갖게 하라

실제 기초자본 이론도 몇몇 다른 형태로 제시될 수 있는데, 이론적으로 가장 잘 알려진, 가장 잘 정립된 기초자본 유형은 애커먼과 알스톳의 사회적 지분급여 모델입니다. 이 이론이 너무 대표적이라 기초자본을 그냥 사회적 지분이라고 부르기도 합니다. 스테이크홀더stakeholder! 원래는 이해관계자라는 말이죠. 우리가 쓰는 맥락에서는 특정 사회와 이해관계가 있는 모든 사람을 의미한다고 생각하면 좋을 것 같습니다.

그 사회에서는 사회 구성원들, 다시 말해 시민의 자격을 가지고 있는 모든 사람이 자신의 몫을 배당받을 권리를 갖기 때문이죠. 이런 맥락에서 '스테이크홀더'는 '사회가 배당하는 자본의 지분 소유자', 간략히 '사회적 지분소유자'로 보면 됩니다.

사실 이 사회적 지분급여를 제안한 애커먼과 알스톳은 자유주의자들입니다. 우리나라에서는 유시민 선생님 같은 분들이 자유주의는 '자기 하고 싶은 것 하자는 것이다'라고 하지만, 그건 자유주의가 아니라 사실 자유지상주의libertarianism죠. 특히 미국에서 자유주의자들은 대다수가 '사회적 시민권', 개인이 국가를 향해 삶에 필요한 최소한의 자원을 분배해달라는 이 권리를 옹호하는 이들입니다. 이론적으로는 이런 사람들을 자유주의 좌파라고 부르기도 하고, 자유적 평등주의자들이라고 부르기도 하죠. 이 두 학자는 자신들이 모든 사람을 위한 사회적 지분급여를 주장하는 기반을 근대 자유주의가 지향하는 두 원칙에서 찾아 제시합니다.

첫째는 평등원칙입니다. 자유주의자들인데 자유보다 평등원칙을 내세운다고? 아마 어리둥절할 수도 있겠습니다. 그런데 당대 대부분의 자유주의자는 자유가 모두에게 평등하지 않으면 그 자유는 오히려 부자유가 된다고 여깁니다. 생각해보세요. 누군가가 나보다 더 자유롭다면 내가 가진 자유가 자유처럼 느껴질까요? 다른 사람들이 훨씬 더 많은 자유를 가진 것을 지켜

보며 내가 가진 자유를 하찮게 느낄 수도 있을 겁니다. 그래서 자유주의자들에게 정말 중요한 자유의 본질은 '평등한 자유'입니다. 이 평등원칙에 근거해 그들은 이렇게 말합니다. "개개의 시민이 인생의 출발선상에서부터 자원을 공평하게 배분받을 기본적 권리를 가지고 있다." 이제 이 평등원칙을 자유원칙이 뒷받침합니다. "개개인의 시민들이 주어진 자원을 자유롭게 활용할 권리를 지니고 있다." 정리하자면 모든 개인이 사회를 향해 공평한 자원 분배를 요구할 수 있고, 그렇게 배당받은 자원을 자유롭게 쓸 수 있다는 거죠.

흔히 우리는 자유주의가 개인의 권리를 절대적으로 보호하고 국가에 개인의 선택을 존중하라 요구한다고 배웁니다. 맞습니다. 그래서 이 말을 두고 시장주의자들은 이렇게 말합니다. "개인의 선택은 시장에서 이루어진다. 시장원칙을 따르라." 맞습니다. 그런데 출생이라는 우연한 요소 때문에 누군가는 더 많은 선택을 할 수 있고 누군가는 아주 제한된 선택을 할 수밖에 없는 부정의한 상황에 대해서는 입을 다물어버립니다. 출생 역시 시장에서 선택할 수 있는 것인가요? 자유주의가 말하는 개인의 선택은, 초기에 권리가, 형식적이 아닌 실질적 선택의 기회가 공평하게 주어진다는 조건하에서 존중되는 겁니다. 애커먼과 알스톳은 특히 "물질적 자원 분배가 이러한 조건의 핵심"이라고 주장하죠. 실제 애커먼은 아주 유명한 자유주의 법철학자인데요, 이분이 원래 가지고 있는 발상이 명료합니다.

　어떤 정부도 그 정부가 통치하고 충성을 요구하는 시민들의 운명을 평등하게 배려하지 않는다면 그 정부는 정당하지 않다. 평등한 배려는 정치공동체의 최고 덕목이며 그것이 없는 정부는 오직 독재일 뿐이다. 한 국가의 부가 매우 불평등하게 분배되어 있을 때 풍요로운 국가라 할지라도 그 국가의 평등한 배려를 의심하게 된다. 부의 분배는 법적 질서의 산물이기 때문이다.[*]

　사실 우리는 부가 시장을 통해 분배된다고 생각합니다. 하지만 그 시장은 국가의 제도 아래서 작동하는 거죠. 작동하고 있는 모든 시장은 국가가 만들어낸 제도적 산물입니다. 그 시장에서 불평등이 심화되고 있다면 그 근본적인 이유는 다름 아닌 국가의 제도가 잘못되어 있기 때문이란 게 애커먼의 핵심적 주장이죠. 결국 불평등은 잘못된 법적 질서의 산물이라는 겁니다. "한 시민의 부는 그가 속한 공동체가 제정하는 법에 따라 엄청나게 달라진다"는 애커먼의 지적, 누구라도 동의할 수밖에 없지 않을까요? 애커먼은 이렇게 말합니다. "우리는 고통받는 사

[*] Bruce Ackerman, *Sovereign Virtue: The Theory and Practice of Equality*, Cambridge: Harvard University Press, 2000, pp. 1~2.

람들에게 우리가 그들을 평등하게 배려하고 있음을 설명할 수 있어야 한다." 그 설명할 수 있는 방법은 뭘까요? 결국 고통받는 사람들의 고통을 실질적으로 덜 수 있는 제도를 세우고 작동시켜야만 하는 것 외에 다른 방법은 없을 겁니다.

애커먼과 알스톳은 국가가 모든 시민을 평등하게 배려하는 방법으로 "모든 시민이 사회적 자산에 대한 지분을 소유하는 사회"를 제시합니다. 내가 어떤 가정에서 어떻게 태어났든, 일정 연령에 이르면 내 몫의 동등한 자원을 소유하는 사회 말이죠. 바로 '기초자본'제도가 그 해결책 중 하나라고 주장하고 있는 겁니다.

자, 8만 달러씩 받아가라!

그렇다면 이 사회적 지분은 실제로는 어떻게 배당되는 걸까요? 애커먼과 알스톳은 이렇게 말합니다.

우리의 입장은 사회적 지분의 원리에 담겨 있다. 모든 자유로운 시민들은 성인기를 시작하는 21세에, 정부로부터 8만 달러의 사회적 지분을 받을 것이다. 그들이 의미 있는 선택을 할 수 있는 능

력을 가졌음을 증명할 수 있는 약간의 조건만 충족되면 8만 달러를 받을 수 있다.[*]

8만 달러! 우리 돈으로 대략 9,000만 원 정도에 해당하는 금액이죠. 놀랍지 않나요? 애커먼과 알스톳이 사회적 지분을 제안했을 때가 1999년이었습니다. 아, 벌써 20년이 지났네요. 1999년 미국의 GDP는 9.66조 달러였습니다. 2017년 통계를 보니 19.39조 달러더군요. 2배 이상 성장한 거죠. 아주 단순하게 생각해본다면 지금은 15만 달러, 1억 7,000만 원에 가까운 액수를 지급할 수 있겠죠. 나중에 재원마련에 대해 설명하면서 이게 정말 실현 가능한 액수인지 살펴보도록 하겠습니다.

어쨌거나 애커먼과 알스톳은 21세가 되면 미국 청년들은 누구나 8만 달러씩 사회적 지분을 받을 권리를 지닌다고 말합니다. 자기에게 주어진 지분을 스스로 충분히 통제할 수 있는 나이를 21세로 본 겁니다. 여기에 고등교육, 다시 말해 대학교육을 원하는 이들은 좀더 빨리 이 지분을 받을 수 있다고 합니다. 대학은 10대 후반에 들어가니 충분히 이해할 만한 예외사항이죠.

한편 '조건 없는 사회적 지분'이라 해놓고, 애커먼과 알스톳

[*] Bruce Ackerman & Anne Alstott, *The Stakeholder Society*, New Haven: Yale University Press, 1999, p. 5; Ackeman & Alstott, "Why Stakeholding?" pp. 44~45.

은 약간의 조건이 있다고 합니다. 혹 딴말을 하는 걸까요? 그 약간의 조건은 두 가지인데, 듣고 보면 충분히 수긍할 만한 것입니다. '첫째, 고등학교를 졸업하라. 둘째, 사회적 지분을 받을 때까지 범죄기록이 없어야 한다.' 고등학교 졸업 요건은 자신에게 주어진 지분을 쓸 수 있는 사전교육 요건에 상응할 수 있고, 깨끗한 범죄기록 요건은 책임감 있는 성인으로서의 자격을 증명한다고 할 수 있겠죠. 그런데 이 두 요건, 미국의 교육현실을 보면 충분히 이해가 갑니다. 낮은 고등학교 졸업률과 그에 상응하는 높은 청소년 범죄율은 미국 사회가 골머리를 앓고 있는 문제인데요, 이 요건을 통해 중등교육을 향상시키고 청소년 범죄를 억제하는 효과를 볼 수 있다는 생각이 듭니다. 첫 번째 요건이야 우리나라에서는 아주 쉽게 충족시킬 수 있을 테지만, 두 번째 요건은 우리나라에서도 유용한 조건이 될 수 있으리라고 봅니다. 우리도 요즘 청소년 범죄가 심각해지고 있죠. 예를 들어 21세에 3,000만 원을 수령할 수 있고, 범죄기록이 없는 것이 조건이라고 한다면 범죄를 억제하는 효과가 있을까요? 한번 생각해볼 만한 방안은 아닐까요?

부유세로 1단계 재원을 마련하라

여기서 우리를 궁금하게 만드는 것, 역시 재원 마련이겠죠. 어떻게 재원을 마련할 것인가? 애커먼과 알스톳은 장기적인 관점에서 2단계 재원마련 방법을 제시합니다. 그럼 첫 번째 단계의 재원은 어떻게 마련되는 것일까요?

시간의 흐름에 따라 사회적 지분기금을 증가시키기 위한 여러 방법을 제안할 것이다. 예를 들어 처음 50년 정도의 단계에서는 23만 달러를 초과하는 개인들의 부에 대해 2%의 정액세를 부과할 것이다. 이러한 높은 면세수준으로 80%의 미국인들은 부유세를 내지 않게 될 것이다.*

다시 말해 소득 상위 20%, 23만 달러 이상의 부를 소유하고 있는 이들에게만 부유세 2%를 정액으로 부과하겠다는 겁니다. 사실 이 정액세 부분은 조금 논란이 될 만한 제안이기는 합니다. 만약 22만 9,000달러를 가진 사람이 부유세를 내지 않게 되면 오히려 역차별이 될 수도 있기 때문이죠. 알스톳이 세금학자라 이를 몰랐을 리는 없을 것 같은데, 이런 부분은 이 방면의 전

* Bruce Ackeman & Anne Alstott, "Why Stakeholding?" p. 45.

문가들이 역차별이 생기지 않도록 충분히 조정할 수 있으리라고 봅니다. 일단 하나의 모델로 제시할 때는 명료한 것이 좋으니 이런 방법을 택한 것 아닌가라는 생각이 드네요. 어쨌거나 애커먼과 알스톳의 요점은 부유세가 초기 재원이 될 것이라는 점입니다.

사실 전 세계에서 부가 가장 불평등하게 분배되어 있는 나라가 바로 미국입니다. 미국은 2017년 기준으로 소득 상위 1%에 전체 부의 35.5%가 몰려 있습니다. 지난 미국 대통령 선거 때 민주당 경선에 나섰던 버니 샌더스가 이렇게 말했죠. "지난해 미국의 부자 14명이 벌어들인 돈이 소득 하위 40%의 총자산보다 많다." 2017년 통계를 보면 실제 미국은 상위 10%에 75%, 상위 20%에 전체 부의 87%가 몰려 있는 상황입니다. 하위 10%는 −0.7%, 하위 30%까지는 −0.5%로 부가 아니라 빚을 진 채 살고 있는 게 현실이죠. 미국의 소득 하위 70%가 차지하고 있는 전체 자산의 비율은 6.9%에 지나지 않아요. 하위 50%는 1.1%니 정말 이 나라도 갈 데까지 간 것 같습니다. 그러니 상위 20%에만 부유세를 부과하겠다는 애커먼과 알스톳의 제안은 충분히 이해할 만한 것입니다. **'전체 부의 90%가량을 차지한 계층이 그 부에 대한 세금을 내라!'**

그런데 다시 상기시켜드리지만 애커먼과 알스톳이 제시한 8만 달러가 1999년에 출간된 저서에 있다는 겁니다. 이후 미국 경제

열심히 일하지 않아도 괜찮아!

는 20년이 지난 지금 GDP 규모로만 보면 2배로 성장한 반면 불평등은 어느 때보다 심화된 상태입니다. 관련 자료를 찾아보면 2000년 미국에서 14세에서 24세 청년 인구가 4,400만 명 정도였습니다.* 2018년 자료를 보니 15세에서 24세까지가 4,400만 명이 채 되지 않더군요.** 그 범위가 정확하게 일치하는 통계는 아니지만 청년 인구에는 커다란 변화가 없다는 걸 알 수 있습니다. 그렇다면 산술적으로만 따져도 지금 현재는 8만 달러보다 훨씬 많이 줄 수 있다는 거겠죠. 같은 방식으로 계산한다면 10만 달러 이상 줄 수 있다는 게 확실해 보입니다.

그렇다면 애커먼과 알스톳이 제시한 방식대로 재원을 마련해 분배하는 게 우리나라에서는 설득력이 있는 걸까요? 이럴 때 제가 경제학자가 아니라는 게 조금 원망스럽기는 합니다. 정확한 통계를 들고 우리나라는 얼마를 줄 수 있다, 이렇게 말하는 게 제일 설득력 있는 거니까요. 어쨌거나 제가 구할 수 있는 자료를 근거로 말씀드리자면, 우리나라가 2013년 기준으로 소득 상위 10%가 전체 부의 66%를 차지하고 있는 반면, 소득 하위 50%는 겨우 1.7%를 소유하고 있습니다. 전 세계에서 미국 다음으로 불평등한 나라죠. 여러분, 우리나라가 부의 분배에 있

* https://www.statista.com/statistics/221843/number-of-youth-and-young-adult-population-in-the-us/
** https://www.indexmundi.com/united_states/demographics_profile.html

어 얼마나 불평등한 국가인지 정말 아셔야 합니다. 이런 측면에서 보면 부유세 부과를 통한 재원마련 방식은 우리나라에서도 충분히 설득력 있다는 생각이 듭니다.

이처럼 부유세를 통해 재원을 마련한다는 점이야말로 기초자본이 기본소득과 상당히 다른 부분입니다. 기본소득은 재원을 탄소세나 자원세 등에서 찾지만 실제로는 소득세와 상속세를 통해 재원을 충당하는 경우가 대부분입니다. 주로 소득세를 통해 불평등한 소득을 평등주의적인 최소소득으로 전환시키는 방식이죠. 반면 기초자본, 특히 사회적 지분은 부유세에서 그 재원을 이끌어내는데요, 이미 서구 사회에서 소득세가 조세 수입의 절반 정도를 차지하고 있는 상황에서 소득세를 인상하는 게 또 다른 부담이 될 수도 있다는 점이 그 현실적 근거라고 합니다. 물론 몰려 있는 부의 사회적 확산이라는 이상적 근거도 강력하게 작동하고 있습니다.

사회적 지분에 혜택을 입은 사람이 2단계 재원을 제공하라

그렇다면 2단계 재원마련은 어떻게 이루어지

는 것일까요? 애커먼과 알스톳은 부유세를 통한 재원마련은 50년 정도 지나면 차차 줄어들고 사라질 수 있을 것이라고 말합니다.

1세대 사회적 지분 수급자가 사망하기 시작할 즈음의 단계에서는 사회적 지분에 부과된 상환요건을 통해 재원을 마련할 것이다. 8만 달러의 사회적 지분을 받았던 사람들은 사망할 때 이자와 함께 사회적 지분을 상환해야만 한다. 이를 통해 부유세를 줄이거나 없애는 것도 가능할 것이다.[*]

사실 저는 이 발상이 아주 마음에 듭니다. 이 방식을 따라가자면, 이제 남길 것이 있는 사람들은 우선 사회적 유산부터 남긴 이후 자기 자식에게 개인적 유산을 남기게 되니까요. 내가 사회로부터 받은 혜택에 일정 정도의 이자를 붙여 환원하고, 그것이 다음 미래 세대의 인생출발자금이 되는 이 구조. 여러분은 마음에 들지 않나요. 이 구조 속에서 상속이 사회적 의미를 획득하고 부가 한 세대로부터 다음 세대로 이전되는, 경제공동체적 의미를 배울 수 있게 되지 않을까요?

[*] Ackerman & Alstott, *Ibid*, p. 45.

실질적인 기회평등과
자유를 보장하라

애커먼과 알스톳은 모든 사람이 자신의 지분을 가질 때 두 가지 효과가 있을 것이라고 주장합니다.

첫 번째 효과는 실질적 기회의 평등이 실현될 수 있다는 겁니다. 우리는 늘 기회의 평등을 이야기하지만, 이 기회의 평등은 아주 형식적인 것에 그칠 때가 많습니다. '스스로 노력하면 좋은 직업을 얻을 수 있다, 열심히 공부해라!' 그러나 우리는 다 알고 있습니다. 불평등이 심화된 사회라면 개천에서 용 따위는 나오지 않는다는 걸. 진짜 기회의 평등이 작동한다면, 같은 능력을 가지고 태어났다면, 동일한 노력을 기울였을 때 동일한 성취를 얻을 수 있어야 합니다. 많은 부를 가진 집안에서 태어난 아이와 아주 빈곤한 가정에서 태어난 아이가 동일한 노력을 기울여서 동등한 성취를 해낼 가능성이 과연 얼마나 될까요? 가끔씩 어려운 형편에서 성공한 사람들이 TV 프로그램 등에 나와서 이렇게 말합니다. '여러분도 저처럼 될 수 있습니다.' 그런데 이런 분들에게 알려주고 싶네요. '누구나 당신처럼 될 수 있다면, 당신은 TV에 나오지 못했을 겁니다. 당신이 예외적인 경우라 나오는 겁니다!' 이렇게 말이죠. 형식적 기회의 평등이 내포한 함정은 예외를 일반화시켜서 그걸 믿게 만든다는 데 있습니다. 그런 것이야말로 잘못된 의식을 만드는, 일종의 의식조작입니다.

하지만 여러분 모두에게 일정 양의 사회적 지분이 있다고 생각해보세요. 예를 들어 여러분 모두가 21세가 되었을 때 3,000만 원의 인생출발자금을 받을 수 있다면 말이죠. 뜻이 맞는 친구가 두 사람 정도 더 모이면 자기 사업을 할 수도 있고, 고등교육을 원한다면 최소한 등록금 걱정 없이 공부할 수도 있을 겁니다. 자신의 인생을 설계할 수 있는 실질적 기회를 가지면서 좀더 책임 있는 사회적 구성원으로 성장하는 계기가 될 수도 있겠지요.

두 번째 효과는 실질적 자유의 실현입니다. 많은 사람이 '자유' 하면, '하고 싶은 일을 하는 것'이라고 말합니다. 그런데 그것만큼 자유를 잘못 이해하고 있는 게 없습니다. 이런 식으로 자유를 이해하면 자유와 방종을 구분할 수 없기 때문입니다. 듣는 사람에게 호소력은 있겠지만 자유의 본질은 설명할 수 없는 거죠. 사실 자유의 역사에서 보면 수많은 이가 자유를 **'타자에 의존하지 않는 상태, 혹은 종속되지 않는 상태'**로 정의했습니다. 여러분, 우리가 '법치法治'라고 이야기하죠? 법치와 반대되는 말이 '인치人治'입니다. '인간이 인간을 지배하는 상태.' 고대 그리스인들은 '인간이 인간을 지배하는 상태'를 '야만'이라고 불렀지요. 반대로 법치, '법이 지배하는 상태'를 '문명'이라고 불렀습니다. 야만인이라는 말은 법이 없는 상태, 법이 있더라도 누군가가 그 법 위에 있어서 그 법을 좌지우지하는 곳에 사는 사람들을 이르는 말이었습니다.

그렇다면 '법이 통치하는 상태'가 왜 중요할까요? 그건 다름 아닌 법이 한 인간이 다른 인간의 의지에 종속되지 않게 해주기 때문입니다. 우리가 말하는 '갑질'이야말로 인간이 다른 인간에게 종속된 상태를 드러내는 대표적 예입니다. 갑질이 만연한 사회. 고대 그리스 식의 정의를 따르면 인간이 다른 인간의 의지에 종속되는 야만적인 사회라는 뜻이죠. 법치가 중요한 건 그런 상태를 막아주기 때문입니다. 애커먼과 알스톳은 사회적 지분이 이런 종속이 생겨나지 않도록 해줄 것이라고 주장합니다. 그러면서 자산소유가 이런 종속을 막는 데 얼마나 중요한지 제임스 미드가 강조한 다음 구절을 인용하지요.

자산을 가진 사람은 협상력을 가질 수 있고, 안전·독립·자유를 이해할 수 있게 된다. 이들은 소득을 얻기 위해 자신이 의존해야만 하는 이들을 뿌리칠 수 있다. 잠시라도 자신의 자본에 기댈 수 있기 때문이다.[*]

앞서 한 차례 언급했듯이, 롤스가 재산소유 민주주의라는 걸

---

[*] Ackerman & Alstott, *The Stakeholder Society*, p. 25.

주장하는데요, 바로 미드가 말한 '자산소유가 인간 개인에게 독립성을 보장한다'는 발상에 근거를 두고 있습니다. 이런 발상을 애커먼과 알스톳도 고스란히 물려받고 있는 거죠. 우리에게 어느 정도의 자산이 있다면 우리가 굳이 부당한 억압을 감당하며 살려고 할까요? 우리는 그 부당함을 지적하고 그것을 바로잡아달라고 요구하거나, 그런 요구가 받아들여지지 않으면 새로운 직업을 찾으려고 할 겁니다. 다시 말해 협상력이 생길 거라는 얘기죠. 만약 자산이 웬만큼 있는데도 부당한 요구를 계속 견뎌낸다면 그 사람은 이미 노예의 기질이 영혼을 잠식해버린 상태가 아닐까요? 따라서 어느 정도의 자산은 자연스럽게 우리에게 안전하다는 것, 독립적으로 산다는 것, 자유롭다는 것이 무엇인지 이해할 수 있도록 도와줄 기반이 될 겁니다.

사회민주주의가 아니라
자유주의적 정의다

'모든 시민이 일정 연령에 이르면 일정한 자원의 지분을 나누어주자.' 이렇게 말하면 누군가는 '우리 사회가 공산주의 체제냐?'고 반박합니다. 공산주의자들은 시장을 믿지 않지만, 기본소득주의자건 기초자본주의자건 아무도 시장을 거부하지 않습니다. 오히려 이들은 재원을 마련하기 위해 부자들도 있어야 하고 투자한 기금이 굴러가기 위해 시장이 있어야만 한다고 생각합니다. 오히려 저는 '인간은 반드시 노동해야만 한다'고 주장하는 분들에게 묻고 싶습니다. '당신은 공산주의자입니까?' 공산주의는 노동자가, 노동하는 사람만이 진정한 주인의 자격을 가진 체제이기 때문입니다.

저는 자유주의자입니다. 기초자본을 주장하는 애커먼도, 알스톳도 자유주의자입니다. 그래서 이들은 단호하게 말합니다. "우리는 단연코 노동가치 이론을 거부한다!" 솔직히 자유주의자로서 저도 노동만이 가치를 만들어낸다, 그래서 노동하는 자만이 자격이 있다는 이 이론을 단연코 거부합니다. 그렇기에 기초자본 이론은 사회민주주의 이론도 아닙니다. 애커먼과 알스톳이 지적하듯이 '사회민주주의는 임금노동을 사회정의의 핵심'이라고 믿기 때문입니다. 사실 사회민주주의는 노동하는 사람들을 보호하기 위해 지어진 시스템입니다. 그 자체로는 거부할 것도, 비판할 만한 것도 아닙니다. 하지만 이 발상은 '임금노동만이 좋은 삶'이라는 암묵적인 전제를 달고 있습니다.

반면 자유주의자들은 그렇게 생각하지 않습니다. 임금노동이, 노동윤리가 우리 삶을 지배하는 가장 중요한 원칙이라고 보지 않기 때문입니다. 오히려 자유주의자들에게 중요한 것은 모

열심히 일하지 않아도 괜찮아!

든 사람이 누릴 수 있는 실질적인 자유고 정의입니다. 그래서 자유주의자들은 게으름뱅이들조차 최소한의 인간다운 삶을 누릴 자격이 있다고 생각합니다. 더 심각하게 자유주의자들은 사회민주주의자들이 만들어낸 남성 중심적인 복지국가의 근본도 의심합니다. 그래서 애커먼과 알스톳은 이렇게 말합니다.

사민주의는 너무 많은 인간을 사회생활의 중심에서 밀어낸다. (……) 사민주의는 수천만의 일반인을 2등 시민으로 전락시킨다. 사민주의는 유급노동을 기준으로 존엄성을 판단한다. 고용보조, 근로소득보전세제, 노동연계 복지와 같은 정책들은 빈민에게 노동을 조건으로 사회적 보상을 제공한다. (……) 그러나 노동조건부 급여는 자유주의적 정의가 아니다. 자유로운 사회에서는 어느 누구도 그러한 계약조건을 요구받지 않는다.*

이 제도를 공산주의니 사회주의니 비난하고 싶은 분들은 좀 아쉬울 겁니다. 그러나 이 사회적 지분은 '노동하는 삶만이 가치 있다'는 전제를 단연코 거부하는 자유주의적인 분배의 상상력이라는 점을 거듭 말씀드립니다.

* Ackerman & Alstott, "Why Stakeholding?", p. 46.

영국 노동당,
자녀신탁기금을 만들다

      지금까지 여러분과 함께 기초자본의 대표적 이론으로 사회적 지분급여 모델을 살펴보았습니다. 이제 기초자본을 설명할 수 있는 실제 사례를 알아볼까 합니다. 바로 영국 노동당이 만들어 실행했던 '자녀신탁기금'입니다. 앞서 노동당을 장악하고 있던 중도좌파들이 사회적 지분급여 모델에 관심이 많았다는 건 이미 언급했습니다. 노동당은 2001년 총선 때부터 이런 계획을 공개적으로 표명하고 있었죠. 이걸 2004년에 정책으로 만들어서 2005년 1월 1일부터 시행합니다. 그런데 우리가 앞에서 살펴본 애커먼과 알스톳의 버전과는 좀 다른 측면이 있습니다. 각 개인에게 실질적인 급여가 이뤄지는 시기가 18세 혹은 21세가 아니라 출생하는 시점이기 때문입니다. 일종의 '베이비 본드' 형식을 취했던 거죠.

  그럼 자녀신탁기금이 어떤 건지 구체적으로 살펴볼까요?

  첫째, 2002년 9월 1일 이후 태어나는 아이들에게 성장기 동안 굴릴 수 있는 투자계좌를 열어준다.

  둘째, 태어난 모든 아기에게 정부가 초기 투자금으로 250파운드씩 계좌에 넣어준다. 가계소득이 1만 6,190파운드 이하의 빈곤층 자녀에게는 250파운드를 더 넣어준다. 즉 저소득층 자녀에게는 500파운드를 적립해준다.

셋째, 아이가 7세에 이르면 정부가 250파운드를 한 번 더 적립해준다.

넷째, 계좌가 개설되면 아이들의 부모, 조부모 등 친인척들이 1,200파운드까지 이 계좌에 적립해줄 수 있다.

다섯째, 이렇게 기금이 적립된 계좌가 투자되면 아이들이 18세가 될 때까지 누구도 손댈 수 없다.

여섯째, 이렇게 조성된 기금이 18년 동안 이익금을 만들어 불어나고, 아이들이 성장해 18세가 되면 원할 때 이 계좌에서 돈을 출금해서 쓸 수 있다.

일곱 번째, 기금 사용에 대한 제한은 없으며, 부모와 아동에게 재정교육을 실시한다.

놀라운 발상 아닌가요? 더 놀라운 건 이 제도가 실행될 때 든 돈이 영국 교육재정의 0.5% 이하였다는 점입니다. 교육재정의 1%도 들이지 않고 실행했다니 정말 놀랍지 않나요. 이 프로그램은 빈곤층 부모들의 큰 환영을 받았다고 합니다. 더 나아가 할아버지, 할머니들이 대대적으로 호응했답니다. 친인척이 1,200파운드까지 넣어줄 수 있다고 했잖아요. 조부모들이 기꺼이 손녀, 손자들의 계좌에 기금을 넣어줬던 겁니다. 사실 친인척이 기금의 일부를 대주는 방식은 정책을 수립할 때 논란이 되었다고 합니다. 우리가 앞에서 본 사회적 지분 모델은 정말 온전히 사회적 상속이 이루어지는 제도인 반면, 이 아동신탁기금은 가족이 저축형식의 투자를 할 수 있다는 점에서 개인적 상속이 결합된 형태이기 때문입니다.

한편으로 개인에게 실질적인 돈이 투자되는 시기도 사회적 지분급여 모델과는 다릅니다. 사회적 지분은 어떤 방식으로든 일정 연령에 지급받는 게 핵심이라면, 아동신탁기금은 출생 때 투자가 이루어지고, 이 투자금이 얼마나 잘 굴러가는지가 핵심이 되는 거죠. 여러분은 그렇다면 '왜 출생 시에 지급하는가'라고 질문할 수 있을 겁니다. 이렇게 출생 시에 지급하면 18년 동안 기금이 투자되어 불어나는 거죠. 가시적인 측면에서 선행투자가 적어 보이는 효과가 있는 겁니다. 그러니 정치적으로 기금을 쉽게 조성할 수 있는 장점이 있는 거죠. 실제로도 이 기금은 큰 호응을 얻었습니다.

그런데 아쉽게도 이 기금이 2011년에 폐지되고 맙니다. 노동당이 선거에 지면서 보수당이 중심이 된 연합정부가 들어섰고, 이 연합정부가 긴축재정을 핑계로 이 기금을 중단시켜버린 겁니다. 참으로 아쉬운 건 이 제도의 성패를 알려면 18년이라는 긴 시간이 필요했다는 점입니다. 실제 투자한 돈이 얼마만큼의 종잣돈으로 불어나 어떻게 청년들의 삶에 영향을 미치는지 알 수 있으려면 말이죠. 이 제도가 설계되던 당시 750파운드를 투자하면 18세에 7,500파운드 정도의 목돈이 될 것이라고 예상했지만 예상은 예상일 뿐, 누구도 알 수 없는 거니까요. 보수당 입장에서 문제는 이 기금이 성공적인 것으로 판명되는 경우였을 겁니다. 그렇다면 노동당은 정치적으로 상당한 지지를 얻을 수 있을 테니까요. 보수당 입장에서 보자면 정치적으로 그런 위험을 감수할 이유도, 필요도 없었던 거지요. 그리고 그들에겐 아주 쉬운 핑계가 있었습니다. '경제가 어렵다. 긴축재정이 필요하다!' 두고두고 아쉬운 일입니다.

부여받은 자기 지분은
자신이 알아서 써라!

기초자본과 관련해서 많은 분이 비판하는 지점이 있습니다. '젊은 친구들이 헛바람 나서 돈을 마구 쓸 것이다.' 이렇게 말씀하시는 분들에게 묻고 싶습니다. '혹 젊었을 때 그 돈이 생겼다면 그렇게 막 쓰셨겠습니까?' 만약 인생을 설계하랍시고 100만 원을 준다면 그 돈을 막 쓸 수도 있겠습니다. 아니 그 정도라면 안 주는 게 나을 수도 있겠지요. 그런데 아주 적게 잡아서 여러분에게 1,000만 원이 생겼다고 해볼까요? 여러분이라면 그 돈, 막 쓰시겠습니까? 계획을 잡아서 쓰시겠습니까? 사실 기초자본주의자들은 이런 비판에 맞서서 이렇게 제안합니다. **"그래서 돈을 많이 줘야 한다. 적은 돈은 계획 없이 쓰지만 많은 돈은 계획을 가지고 쓴다."** 맞는 말 아닌가요?

이런 비판에 맞서서 어떤 분들은 이렇게 말합니다. '이런 사회적 지분을, 이런 사회적 기금을 쓸 수 있는 용도를 제한해야 한다.' 사실 많은 학자도 그렇게 생각했습니다. 영국에서 아동 신탁기금을 조성하는 데 상당한 기여를 했던 이들조차 그렇게 생각한 경우가 있었습니다. 하지만 애커먼과 알스톳은 분명히 말합니다.

> 만약 한 젊은이가 자신의 지분을 위험하지만 의미 있는 삶을 추구하는 데 쓰고자 한다면, 위험 회피적인 요구 못지않게 존중받아야 한다. '한 사람, 한 번의 인생, 한 차례의 사회적 지분'은 지분 소유자 사회의 근본적인 원칙이다.*

일단 지분이 배당되고 나면 그것을 어떻게 써야 하는지 그 용도를 제한하지 말아야 한다는 겁니다. 심지어 기본소득을 지지하는 반 파레이스조차 젊은이들이 도박이나 스포츠카를 사

---

* Ackerman & Alstott, *Ibid*, p. 49.

는 데 이 돈을 낭비할 수도 있을 것이라고 말하죠. 이에 대해 애커먼과 알스톳은 이렇게 반박합니다. "일부 젊은이가 그럴지도 모른다. 소수의 젊은이가 그런다고 다수의 젊은이가 인생을 설계할 기회를 박탈하는 게 옳은가?" 이 말이 제 가슴을 쳤습니다. 사실 자유주의자라면 이렇게 말할 겁니다. '도박에 쓰든 스포츠카를 사든 그게 자신의 선택이라면 관여하지 마라. 이미 그는 성인이다.'

실제 아동신탁기금의 사례를 보아도 자유주의자들의 제안이 더 설득력 있는 걸 알 수 있습니다. 아동신탁기금을 수령했을 때 그 용도를 어떻게 할 것인지를 두고 자유롭게 쓸 수 있게 해주자고 제안한 쪽은 정작 영국 정부였다고 합니다. 어떻게 쓰는지 그 용도를 제한하는 일 자체가 쉽지 않을 뿐만 아니라 용도를 제한하는 일에 오히려 비용이 더 들어간다는 이유였습니다. 투표권을 주면서도 '너는 돈을 어떻게 쓰는지 몰라, 그래서 계도받아야 돼'라고 말하는 건 정말 극단적인 모순이 아닐까요? '투표하는 법을 모르니까 계도받아야 돼'라는 말과 뭐가 다를까요? 어쩌면 용도를 제한하는 것이 문제가 아니라 아이들이 성장하는 18년이라는 기간 동안 돈을 잘 쓸 수 있는 방법을 초중등 교육을 통해 알려주는 게 더 좋은 방법 아닐까요?

젊은이여,
야망을 가져라!

　　제가 개인적으로 기초자본 모델, 사회적 지분 급여 모델, 베이비 본드 모델에서 찾는 가장 큰 의미는 다름 아닌, '젊은이여, 야망을 가져라!'라는 이 가슴 뛰는 말이 그냥 말로 끝나지 않게 하는 힘이 있다는 점입니다. 앞에서도 한 차례 아주 간략히 언급한 적이 있습니다. '젊은이여, 야망을 가져라!' 우리는 흔히 말합니다. '젊은 놈이 야망도 없냐?' 비웃는 건 아니지만 이런 말 하시는 분들, 자신이 크게 뭔가를 성취하신 분들은 아닌 것 같습니다. 자기 못한 일 남 시키는 그런 말이랄까, 그런 생각이 듭니다. 그런데 이 말, 말 자체로는 전혀 잘못된 건 아닙니다. 그냥 진심만 바라보고 이성적으로 이해한다면 '너는 스스로 세운 인생계획이 없냐?'는 뜻이니까요. 그런데 계획은 있지만 그 계획을 실현할 기본적인 자원이 없다면, 야망을 가지라는 말은 그 순간 '꼰대'의 생각 없는 말잔치로 전락해버리지 않을까요? 사막에서 물고기 잡아오라는 식의 요구밖에 되지 않을 테니까요.

　애커먼은 명확하게 말합니다. "오늘날 부자들은 자신들의 부모로부터 인생설계에 필요한 자원들을 물려받는다." 재산뿐만 아니라 교육, 교양, 인맥 그 모든 걸 물려받죠. 우리는 이게 진실이라는 걸 다 알고 있습니다. 아무리 부정해도 변치 않는 사실이죠. 더 나아가 대다수 중산층 이상의 자녀들은 알게 모르게 정부의 보조를 받습니다. 예를 들어 대학진학률을 보면 중산층 이상의 자녀들이 대다수를 이룹니다. 그 대학에서도 소위 명문 대학을 보면 부모의 사회적 지위, 소득이 높은 가정의 자녀들이 차지하는 숫자가 갈수록 늘어나고 있어요. 우리나라만 해도 소위 'SKY'라 부르는 명문대학교를 강남 3구 고교들이 싹쓸이하고 있다는 건 익히 알려진 사실입니다. 강남 3구에서는 '명문대가 아니면 재수'라는 말도 통계적으로 다 증명되고 있죠. 그런데 대학에는 당연히 정부지원금이 들어갑니다. 국민이라면 누구나 내는 세금에서 말입니다. 정부는 대학평가를 통해 지원금을 분배하지만, 이른바 좋은 인력이 많은 명문대일수록 평가에서 아무래도 유리한 입장에 있지요. 결과적으로 대학보조금은 대부분 중산층 이상의 자녀들에게, 그리고 더 부유하거나 사회적 지위가 있는 이들에게 쓰이는 것이 현실입니다. 이들은 국가의 지원을 통해 더 나은 인생설계를 할 수 있는 기회를 갖게 되는 겁니다.

사실 대학 내에서도 빈익빈 부익부는 마찬가지입니다. 예를 들어 반값 등록금을 볼까요? 소위 이 반값 등록금이 지원되는 방식은 학생들에게 성적순으로 주는 겁니다. 가정형편이 어려운 학생들 중에는 수업 끝나자마자 아르바이트하고 아침 일찍 수업 와서 그 피곤을 견디지 못해 조는 경우가 많습니다. 그리고 수업 끝나면 또 아르바이트하러 가야 하니 상대적으로, 아니절대적으로 공부할 시간도 적지요. 그런데 성적순으로 반값 등록금을 준다고요? 그러면 누가 이 혜택을 받을까요? 어떤 부자들은 이렇게 말합니다. '왜 우리 돈으로 반값 등록금까지 줘야하나?' 걱정 마세요. 지금 제도 내에서는 여러분의 자녀들이 받아가게 되어 있으니까요. 오히려 가정형편이 어려운 학생들은장학금 대신 학자금 대출을 받습니다. 이런 상황이라면 누가 인생설계를 할 수 있는 더 나은 기회를 갖게 될까요?

앞서 우리나라 부의 극단적인 불평등 분포에 대해 말씀드렸죠. 거기다 좀 세부적인 정보 하나를 더해보겠습니다. 그 극심한 불평등 속에서 "60대 부모가 경제적으로 안정적인 계층이고30대 자녀도 핵심적인 중산층인 비율은 12.7%"라고 합니다. 우리나라의 부가 소득 상위 10%에 65% 이상 몰려 있다는 통계와연관성이 있어 보이지 않나요. 부모에서 "자녀 세대로 '세대 내불평등'이 대부분 이전되고 있는 셈"인 겁니다(『한겨레』, 2015년1월 13일). 이 사실을 상기시키며 다시 묻겠습니다. 이런 현실에서 어떤 상황에 있는 젊은이들이 더 나은 인생설계의 실질적 기회를 갖게 될까요? 우리나라 부의 분배는 명확히 보여주고 있습니다. 대다수 젊은이에게 인생계획을 설계하고 실행할 수 있는 실질적 기회 따위는 존재하지 않는다는 걸 말이죠. 청년들이 이 땅을 '헬조선'이라고 부르고, 수저의 색깔을 따지는 데는 다 이유가 있다는 걸 말입니다.

인생설계는 '내가 하고 싶은 일이 뭐지? 나는 무엇을 하고 살고 싶은 거지?' 이런 질문에서 시작됩니다. 하지만 지금 이 땅에서 얼마나 많은 젊은이가 그런 질문을 하고 있을까요? 그런데 그런 질문을 하면 또 한쪽에서는 비웃습니다. '배부른 소리하고 있네! 어른이 되었으면 먹고살 길을 찾아야지!' 한쪽에서는 꿈이 없다 욕하고, 다른 한쪽에서는 일자리나 찾으라고 욕하고, 어쩌라는 건지…… 그러니 젊은이들의 눈에 어른들이 다 '꼰대'로 보이는 건 당연지사 아닐까요? 이리저리 치이는 현실을 마주하며 많은 청년이 느끼는 건, '어른이 되었다는 책임감, 꿈을 꿀 수 없는 현실에 대한 자괴감, 무력한 자신에 대한 좌절감'이 아닐까요? 특히 20대는 성인으로서의 책임감은 막중해지지만, 여전히 경제적으로 부모에게 의존해야 하는 현실 앞에서 무력한 자신을 확인하는 시기라는 걸 우리는 잘 알고 있습니다. 인생의 시작점에서 맛보는 감정이 '아직 책임지지 못하는 성인'이라는 불편한 감정이라는 걸 말이죠.

하지만 우리 젊은이들이 인생을 시작할 때, 그들에게 3,000만 원이라도 준다고 가정해보죠. 그렇다면 어떨까요? 청년들, 뭔가 그 불안한 무력함에서 빠져나오는 길을 찾을 수도 있지 않을까요? 더 나아가 이런 보장이 있을 때 청년들은 적어도 자신이 국가로부터 보호받고 있다는, 자신의 선택이 공동체로부터 존중받고 있다는 생각을 할 수도 있지 않을까요? 사회적 지분이 만들어낼 이런 효과를 애커먼과 알스톳은 이렇게 언급합니다.

자유주의 국가는 모두에게 동등한 자유를 보장하고…… 필요한 자원을 모든 사람에게 보장함으로써 정치공동체에 대한 자부심을 갖도록 만든다.*

젊은이들이 자기 계획을 세우고 실행할 수 있는 힘을 갖는 사회, 적극적으로 우리가 추구할 만한 실현 가능한 유토피아가 아닐까요?

---

* Ackerman & Alstott, *Ibid*, p. 51.

PART 5

모두를 위한 소득대 모두를 위한 상속

기초자본의
최소 요건

- **고등학교 졸업장**
  고등학교 졸업장이 없다면 그들이 받아야 할
  사회적 지분에 대한 이자로서 기본소득을 받음.

- **범죄기록이 없을 것**
  기본 조건이 충족된 청년들은 4년 동안
  2만 달러씩 받을 수 있음. 이 돈은 소비할 수도 있고
  투자할 수도 있으며, 대학에 갈 수도 있고
  저축할 수도 있고 심지어 도박으로 탕진할 수도 있음.
  핵심은 초기의 권리가 공평하게 주어졌을 경우
  개인적 선택을 존중하고 장려하는 것.

기초자본과 기본소득의 차이점

- **기초자본은 기본소득보다 초기 비용이 훨씬 낮음.**

- **기초자본은 언제든 기본소득으로 전환할 수 있음.**

- 기본소득은 후견인 신탁인 반면,

  기초자본은 사회적 신탁을 강요하지 않음.

- 기본소득은 모든 시민에게 적용되는 반면,

  기초자본은 청년 세대의 경제적 곤궁에 초점을 맞춤.

- 기본소득은 단기적인 소비주의를 조장하는 반면,

  기초자본은 청년들이 장기적 안목을 가질 수 있도록 함.

- 기본소득은 인생을 설계하기엔 액수가 너무 적은 반면,

  기초자본은 자신의 삶을 적극적으로 개척해나가도록 함.

담대하게 접근해야 한다. 대한민국이 얼마나 불평등이 심하고 얼마나 반생태적인가? 그것을 바로잡기 위해서는 근본적인 변화가 불가피하다. 그래서 기본소득 같은 방안이 필요한 것이다.

— 하승수, 녹색당 공동대표

누구는 부모를 잘 만나서 평생을 써도 다 못 쓸 재산을 상속받고, 누구는 끔찍한 가난을 상속받고 있는 것이 현실입니다. (……) 미래에 대한 불안감에 시달리는 청년들에게 공정한 첫출발과 선택의 기회를 제공하는 것은 국가와 사회의 책무입니다.

— 심상정, 정의당 의원

'21세기 분배' 제안!
기본소득과 기초자본

　　지금까지 여러분과 함께 기본소득이 무엇인지, 또 기초자본이 무엇인지 알아보았습니다. 모두에게 필요한 '소득'을 주자는 제안과 모두에게 필요한 '상속'을 하자는 제안이었지요. 흥미로우셨나요? 생각해보니 지금까지 이 두 제안을 설명하는 가운데 소개해드린 사례들이 거의 남의 나라 경우였네요. 계속 외국 사례들이니 조금 아쉽다고 생각하신 분들도 있을 겁니다. 저도 그렇습니다.

　그럼 우리에게는 어떤 관련 사례들이 있을까요? 여러분도 쉽게 떠올릴 수 있듯 현재 서울시와 성남시에서 '청년배당'의 형식으로 변형된 기본소득이 정책적으로 실험되고 있기는 합니다. 그럼에도 제가 이 사례들을 그리 강조하지 않은 건 몇 가지 이유가 있습니다. 우선 '청년'이라는 말이 들어가는 순간 기본소득이 가장 중요하게 생각하는 '모두'라는 말의 의미가 사라진다는 점에서 신실한 기본소득주의자는 청년배당을 결코 기본소득으로 보지는 않을 겁니다. 청년은 정말 모든 시민 중 극히 일부니까요. 더욱이 서울시 같은 경우 일종의 구직활동을 돕는 수당이었다는 점에서 기본소득이 요구하는 '조건 없는' 소득과는 전면 배치되는 정책입니다. 또한 성남시의 경우에는 현금지급도 아니고 지역경제에서만 쓸 수 있는 상품권의 형식이죠. 이 부분 역시 '현금'을 강조하는 기본소득의 기본 기조와는 상반되는 것입니다.

생각해보면 서울시와 성남시가 실시한 이 청년배당은 기본소득의 첫걸음으로서는 의미가 있지만, 그 규모 자체로만 보면 미약하기 그지없는 실험입니다. 그런데도 이 실험이 많은 사람을 불편하게 만든 모양입니다. 예를 들어 성남시가 실험하고 있는 청년배당에는 정부가 나서서 반대하는 일도 있었지요. 성남시 의회에서는 자유한국당이 나서서 청년배당을 없애야 한다고까지 주장하며 대신 '청년구직지원'을 내세웠습니다. 서울시의 '청년(활동)수당' 같은 경우에는 대놓고 구직활동을 돕는다는 명분을 내걸었고요. 기본소득과 기초자본, 이 두 제안 모두가 거부하고 있는 '소득을 얻으려면 일을 해야 한다', '일하는 자만이, 일하려고 하는 자만이 자격이 있다'라는 발상이 고스란히 들어가 있는 거죠. 사실 구직지원이라는 발상 자체는 전혀 잘못된 게 아닙니다. 제가 강의 내내 여러분에게 강조했던 내용은, **'더는 노동할 곳이 없다면, 무의미한 저소득 노동을 대체할 강력한 수단이 있다'**라는 것입니다. 그런 상황에서 '노동을 전제로한 정책들이 얼마나 유효할까'를 생각해보자는 거죠. 우리 사회가 정말 일할 곳이 없는 그런 사회냐고요? 저 나름대로는 지금까지 많은 근거를 대왔다고 생각하지만 가장 최근의 것으로 다시 한번 근거를 대보겠습니다.

2018년 8월에 통계청이 제시한 자료 때문에 정부와 여당이 발칵 뒤집혔죠. 2018년 7월 고용지표가 전년 대비 7월 고용에 비해 최악의 수치를 기록했던 겁니다. 우선 전년에 비해 기록적으로 제조업 일자리가 줄어들었습니다. 무려 12만 7,000명이나 감소한 겁니다. "사업시설관리·사업지원 및 임대서비스업에서 10만 1,000명, 교육서비스업에서 7만 8,000명, 도소매업·숙박 및 음식점업 역시 각각 3만 8,000명, 4만 2,000명"이 줄었답니다(『경향비즈』, 8월 17일). 자세히 들여다보면 저소득층이 일할수 있는 자리마저 감소했던 겁니다. 곧바로 여론의 비난이 쏟아졌고, 결국 이것이 통계표본 추출의 문제라는 식의 싸움으로 번져서 통계청장이 갈리는 사태까지 벌어졌지요. 그런데 이 모든 일이 '소득주도 성장', 일자리를 늘려 소득을 올려주겠다는 정책 아래 수많은 예산을 쏟아붓는 가운데 일어난 겁니다. 그래서 이 정책이 잘못되었다고 비난하려는 게 아닙니다. 당연히 정부는 양질의 일자리를 최대한 많이 창출해내기 위해 노력해야 합니다. 그런데 저는 아무리 생각해봐도, 앞으로 누가 권력을 잡는다 해도 지금보다 고용지표가 크게 개선되리라고 생각하지 않습니다. 산업구조 자체가 변해가는 현실을 생각해본다면 지금 수준을 잘 유지하는 것도 결코 쉬운 일이 아닐 거라고 봅니다. 아니 지금 수준을 유지하는 것도 큰 도전이 될 거라고 생각합니다.

일자리가 늘어나는 일을 기대할 수 없는 상황이라면 단기적 대안이 아니라 장기적 대안을 생각하면서 분배정책을 준비해야 합니다. 인구가 줄어들 테니 괜찮다는 멍청한 소리는 고려하지 않겠습니다. 한편에서는 인구가 줄어든다고 출산장려책을 쓰면서, 미래의 일자리 대비는 인구가 줄어들 테니 괜찮다고 하는 건 그 자체로 어불성설이라 고려할 필요도 없는 말입니다. 이제 우리가 살고 있고 앞으로도 오래 살아가야 할 21세기에 상응하는, 21세기다운 분배시스템을 구축해야 합니다. 이런 점에서 우리가 지금까지 논의해온 **기본소득과 기초자본이야말로 21세기 분배의 상상력**에 어울린다는 생각입니다.

녹색당의 '기본소득' 대
정의당의 '기초자본'

　　사실 우리나라에도 이미 제대로 된 기본소득에 대한 논의가 있습니다. 예를 들어 녹색당은 오랫동안 기본소득을 밀어왔고, 정의당의 심상정 의원 같은 경우에는 기초자본이라고 볼 수 있는 '청년사회상속제'를 제안하기도 했죠. 이야기가 나왔으니 좀더 구체적으로 살펴볼까요?

　2016년에 녹색당은 모든 국민에게 40만 원씩 기본소득을 주자고 주장했습니다. 40만 원! 적은 액수가 아니죠. 그리고 늘 부딪히는 질문, 재원마련도 어렵지 않다고 단언합니다. 그러면서 세 가지 재원마련 원칙을 제시합니다.

　첫 번째는 4대강 같은 불필요한 예산낭비를 하지 말자. 그런 예산을 기본소득으로 돌리자.

　두 번째는 기초연금, 양육수당 등 기본소득과 유사한 예산들을 다 통합해서 보편복지를 확대하자.

　세 번째는 지금 당장 잘못되어 있는 조세제도를 형평성에 맞게 조정하고 생태세를 도입하자. 녹색당답죠? 그리고 지금도 두 단계로 나누었습니다. 우선 1단계부터 볼까요. 2017년에는 첫 번째 예산낭비 근절 원칙에서 만들어진 30조 원, 두 번째 기초연금 통합으로 만들어진 10조 원, 세 번째 조세형평성에 따라 거둬들인 65조 원을 청년·노인·장애인·농어민에게 우선적으로 매월 40만 원씩 지급하자는 겁니다. 전 국민에게 지급하는 2단계는 2020년에 시행되는 것으로 잡았습니다. 예산낭비 근절에서 30조, 연금 및 양육수당 통합으로 12조, 생태세 등을 포함한 세제개혁으로 195조, 즉 총 237조 원의 재원으로 전 국민에게 40만 원씩 지급할 수 있다는 거죠. 세계 10위권 경제 강국인 우리나라가 재원으로 걱정하는 건 말도 안 된다는 게 녹색당의 기조입니다. 녹색당은 힘주어 말합니다. "재원보다 더 중요한 것은 '사회적 합의'고 '정치적 의지'다."

저는 이 제안을 살펴보는 동안 감격했습니다. 훌륭하지 않나요? 물론 생각해볼 거리는 많습니다. 우선 '어떤 예산이 낭비되는 예산인가? 그 낭비되는 예산이 무엇인지 한두 해 안에 가릴 수 있을까?' 그런 생각이 들긴 합니다. 두 번째 원칙, 기초연금 예산 통합은 기본소득이 결국 기존의 안정된 복지시스템을 허무는 경향이 있다는 걸 새삼 상기시켜줍니다. 신실한 기본소득주의자들은 사실 자산조사에 입각해 빈자를 돕는 복지국가를 그다지 선호하지 않지요. 문제는 이런 제안이 기존 제도에서 안정적 혜택을 입고 있는 사람들의 저항에 부딪힐 수도 있다는 겁니다. 세 번째 소득세 등을 포함한 보편증세는 당연히 전면적인 조세저항에 부딪히겠죠. 하지만 시련 없는 정책이 어디 있겠습니까? 그리고 녹색당이 말하는 1단계 2017년, 2단계 2020년도 우리가 정치적으로 합의한다면 이 시기에 이 정도 가능하다는 의미니까 크게 문제 삼을 건 없다고 봅니다. 문제는 녹색당이 지적하는 것처럼 재원이 아니라 '사회적 합의', '정치적 의지'인데, 이게 노동윤리를 넘어서야 가능한 일이라는 겁니다.

이제 정의당 심상정 의원의 청년사회상속제를 볼까요? 좀 더 정확히 말하자면 심상정 의원은 청년사회상속제를 제안하는 것을 넘어 법안으로 발의했습니다. 2018년 3월이었죠. 법안을 발의하는 날 정의당 의원들은 전원 참석했고 몇몇 다른 당 의원들도 참석했습니다. 일단 정의당 의원들이 다 참석해서 도와줬으니 정의당이 당 차원에서 미는 정책이라고 보아도 무방할 것 같습니다. 이 법안은 우리가 앞선 강의에서 보았던 사회적 지분 같은 모양새입니다. 제안은 이렇습니다. "20세에 이른 대한민국 모든 청년에게 1,000만 원의 기초자산을 주자! 다만 1,000만 원 이상을 상속·증여받은 청년은 배당금 지급 대상에서 제외시키겠다." 그리고 멋지게 '청년사회상속법'이라는 이름을 달아 발의했습니다. 왜 1,000만 원이냐고요? 2017년 우리나라에서 거둬들인 상속·증여세가 5조 4,000억 원이었답니다. 그리고 2018년 20세가 되는 청년의 숫자는 61만 명! 이 재원을 이 청년 숫자로 나눠보니 대략 1,000만 원이 가능하다는 거죠. 그리고 덧붙여 이렇게 말합니다. 사회적 상속으로 "세습으로 인한 불평등과 흙수저로 대변되는 수저론을 타파하겠다!" 심상정 의원이 이 '청년사회상속법'을 발의할 때 제 가슴을 친 말이 있었습니다. "청년이 절망하는 나라에 미래는 없는데, 박근혜 정부가 대변한 청년은 정유라뿐이었다." 가슴 아픈 현실입니다.

그리고 이 발표가 난 기사를 보면서 주목했던 또 하나가 있습니다. 우리가 앞서 본 영국의 아동신탁기금, 미국의 아동발달투자계좌Kids Investment and Development Savings Account: KIDS, 캐나다의 교육저축보조금Canada Education Saving Grant: CESG과 고등교육보조금Canada Learning Bond: CLB 등의 사례를 내세워 실제 세계의 곳곳에서 비슷한 제도가 시행되었거나 시행되고 있다는 사실도 밝혔다는 점이죠. 아동신탁기금은 이미 설명을 드렸고, 미국의 아동발달투자계좌, 캐나다의 교육저축보조금과 고등교육보조금에 대해서는 간략하게 설명을 드릴 필요가 있을 것 같네요. 사실 작동원리는 영국의 아동신탁기금과 거의 비슷합니다.

미국의 경우에는 미국에서 태어난 아이들에게 아동발달투자계좌를 개설해서 이 계좌에 500달러씩 넣어주자는 제안이 법안으로 오래전부터 제시됐습니다. 저소득층 아이들에게는 소득에 따라서 최대 500달러까지 더 넣어주고요. 여기에 부모나 후견인들이 돈을 더 넣을 수 있는데, 정부가 500달러 이내에서 민간투자가 이루어진 만큼 1:1로 매칭적립금을 넣어주자는 거죠. 이 계좌 역시 영국 아동신탁기금처럼 18세까지 손댈 수 없습니다. 아이들이 18세가 되어야 고등교육이나 주택구입 자금으로

만 꺼내 쓸 수 있게 한 제안입니다. 그런데 이 제안이 포함된 법안이 오랫동안 통과되지 못한 걸로 아는데, 이걸 심상정 의원이 사례로 넣어서 발표를 했네요. 적어도 제가 아는 한 아직은 법안일 뿐입니다.

한편 캐나다의 '교육저축보조금'은 17세 이하의 아동이 있는 부모가 '공인교육적금Registered Education Savings Plan: RESP' 계좌를 개설해서 거기에 저축하면 그 저축 금액의 20%에 해당하는 돈을 정부가 얹어주는 제도입니다. 소득이 낮은 가구에는 최대 40%까지 얹어준다는군요. 자녀 1명당 수령할 수 있는 최대한도는 7,200달러라고 합니다. 이 돈은 프로그램 이름답게 고등교육만을 위해 쓸 수 있습니다. 만약 고등교육을 받지 않는다면 지원금이 회수되는 형식이죠. 한편 캐나다가 더불어 시행하고 있는 '고등교육보조금'은 채권 형식으로 만들어진 일종의 무상교육 자금이에요. RESP 계좌를 개설하기만 하면 정부가 무상으로 지원금을 줍니다. 개좌를 열자마자 정부에서 500달러를 넣어주고요, 15세까지 1,500달러를 더 넣어주는 제도죠. 결국 2,000달러를 정부가 계좌에 무상으로 넣어주는 겁니다. 2004년 1월 이후 출생한 아이들은 누구나 이 채권을 받을 수 있다고 하네요. 물론 오로지 고등교육만을 위해 써야 합니다.

사실 심상정 의원이 '청년사회상속법'을 발의하면서 든 사례들은 심 의원의 제안과 정확하게 맞아떨어지는 건 아닙니다. 오히려 애커먼과 알스톳이 제안한 사회적 지분급여 모델과 더 잘 맞아떨어지죠. 언급한 모든 제도가 출생 시기에 투자가 이뤄지는 베이비 본드의 형식이라는 점에서 심 의원이 20세에 1,000만 원씩 주자고 한 제안과는 차이가 있습니다. 다만 이 모든 제안이 한 개인의 인생출발자금이 된다는 점에서 '기초자본'이라는 제안에 수렴하게 되는 거죠.

기본적으로 심상정 의원이 내놓은 제안의 장점은 이미 재원이 있다는 겁니다. 기존의 상속·증여세를 활용하는 것이므로 사실상 기재부만 동의해주면 되는 거니까요. 상속·증여세가 이렇게 투명하게 쓰이면 세금을 내는 사람들도 보람을 느낄지 모릅니다. 다만 왜 1,000만 원 이상 상속·증여받은 청년은 제외시키는지 모르겠습니다. 정치적으로야 돈 많은 청년에게는 안 주겠다는 소리로 들려서 설득력이 있을 듯하지만, 한 번만 더 생각해보면 이 제안이 논리적으로 또 현실적으로 맞는지 갸우뚱하기 때문입니다. 이 1,000만 원은 청년들이 20~25세 사이에 원하는 때 찾아 쓸 수 있습니다. 그렇다면 부모로부터 26세에 1,000만 원 이상 상속이나 증여를 받은 사람은 사회적 상속을 통해 1,000만 원을 받을 수 있는 반면, 19세 이전에 상속이나 증여를 받은 사람은 이 돈을 받을 수가 없습니다. 이게 형평성에 맞는 건가요? 그리고 이거 가려내는 데 드는 비용이 만만치 않을 겁니다. 차라리 그냥 모든 청년에게 다 주는 게 낫지 않을까요? 부자든 가난한 사람이든 다 사회적 상속을 약속함으로써 사회가 최소한의 공정한 인생출발 기회를 공통적으로 보장해주는 것이 원래 기초자본의 취지에도 맞는 일인데 말이죠.

기본소득 대 기초자본 논쟁

녹색당이 주장하는 기본소득과 정의당이 내세운 기초자본은 '소득과 부의 이전과 확산'이라는 면에서 보자면 본질적인 측면에서 서로 어긋나지 않습니다. '노동에 대한 요구가 없다'는 점에서, '자유를 실질적으로 활용할 기회를 주려 한다'는 점에서 이 두 제안은 사실상 같은 토대를 공유하고 있지요.

그런데 두 제안이 제시하는 삶의 비전 자체는 상당히 다릅니다. 우선 기본소득은 모든 시민에게 꾸준히 소비할 수 있는 능력을 주자는 겁니다. 그래서 이 제안의 이름처럼 '소득'의 이전과 확산이 주요 목표인 거죠. 사실상 '지속 가능한 소비'가 목표인 겁니다. 반면 기초자본은 개인이 꿈꿀 수 있는 기회를 주려 합니다. 특히 기초자본주의자들은 인생 초기에 나타난 불평등이 평생을 지속하기 때문에 출발점의 불평등을 완화해야 진짜 교정효과가 나타난다고 봅니다. 그래서 이들은 그 누구라도, 단한 차례라도 실질적으로 자기 인생을 설계하고 실행에 옮길 수 있는 기회를 제공하려 하는 거죠. 다시 말해 '인생설계 기회의 확산'이 목표인 겁니다. 서로 상당히 다른 비전이죠?

한편 이 두 제안을 동시에 시행하는 데는 실천적 차원에서, 지금 당장은 의문이 들기도 합니다. 다시 강조하자면 지금 당장은 그렇다는 겁니다. 물론 최상의 시나리오는 소득과 부의 이전이 동시에 이루어지는 겁니다. 하지만 기본소득 같은 경우 상당히 많은 예산이 요구됩니다. 녹색당이 밝히고 있듯이 모든 시민에게 40만 원씩 지급할 경우 237조 원가량의 재원이 필요하니까요. 50만 원이라도 준다면 매해 거의 300조 원 가까이 들죠. 2018년 서울시 예산이 30조 원 정도입니다. 거의 그 10배 정도가 필요한 거죠. 2018년 대한민국 예산이 429조라는 점을 봐도 녹색당이 제안하는 기본소득의 재정규모가 만만치 않음을 알 수 있습니다. 사실 녹색당이 제안한 기본소득 재원에는 정의당이 청년사회상속제를 위해 쓰겠다는 재원인 상속·증여세가 들어가 있는 겁니다. 여기다 세제개편을 통해 상속·증여세를 더 거둬들여야 재원이 마련되겠죠. 게다가 소득세도 더 걷어야 합니다. 이런 기본소득에 기초자본까지 동시에 시행한다고 하면 아무래도 상당히 부담이 될 겁니다.

사실 이런 맥락에서 모두를 위한 소득 대 모두를 위한 상속 논쟁이 실제로 진행돼왔습니다. 예를 들어 당대 기본소득에서 사실상 1인자의 위치를 굳힌 필리페 반 파레이스와 사회적 지분이론가인 애커먼과 알스톳이 2003년 '리얼 유토피아 프로젝트'에서 개최한 회의에서 서로 격렬한 논쟁을 벌였습니다. 만약 국가가 두 제안 모두를 동시에 받아들이고 시행할 수 없다면 일단은 둘 중 하나를 선택할 수밖에 없기 때문이죠. 그렇다면 '어떤 제안이 더 정당하며 효과적인가?'라는, 단순하게 보이지만 복잡하고 어려운 질문이 제기됩니다.

왜 기본소득인가:
기초자본에 대한 비판

우선 기본소득주의자들은 왜 이 제안이 기초자본보다 더 나은 것이라고 보는 걸까요? 기본소득주의자들의 입장에서 본다면 기초자본의 가장 큰 문제는 '일회성' 제안이라는 데 있습니다. 삶은 지속적인데 기회는 한 번이라는 거죠. 이 제안이 사실상 일종의 도박이나 다름없다는 겁니다. 이들은 이렇게 말합니다. "이 돈을 일시불로 받은 누군가는 위험한 곳에 투자를 하거나 그 투자조차 하지 않고 아무렇게나 낭비할 수 있다. 이렇게 돈을 일시에 탕진해버려 빈곤에 허덕이며 살아가는 이들은 어떻게 할 것인가?" 유명한 기본소득주의자인 가이 스탠딩Guy Standing의 표현을 빌리자면, '박약한 의지' 탓에 이 일시금을 탕진할 수도 있다는 거죠. 실제 파레이스 같은 경우는 젊은이들이 이 돈으로 도박을 하거나 스포츠카를 사는 데 써버릴지도 모른다며 사회적 지분급여에 반대합니다. 이들이 힘든 처지에 빠져 손을 내밀면 외면할 수도 없고, 이런 사람들을 또 도와주다 보면 이들이 지속적으로 사회의 도움에 기대는 '의존증'을 앓을 수도 있을 거라고 말하죠. 기본소득을 주장하는 사람들은 이런 도덕적 해이에서 명백하게 기본소득은 자유롭다고 말합니다. 매달 소비에 필요한 돈을 정기적으로 지급하니 이런 문제가 생길 리 없겠죠. 당연한 겁니다. 기본소득주의자들이 볼 때 기초자본은 상당히 불합리한 위험을 감수해야 하는 제안인 거죠.

또 하나, 기본소득주의자들은 기초자본이 종래에는 서로 다른 금액의 출발자금을 줄 수도 있다고 주장합니다. 이런 비판은 기초자본이 실질적으로 시행된 제도들을 보고 나온 겁니다. 사실 앞서 우리가 살펴보았던 실행 중인 모든 제도가 일종의 '베이비 본드' 형식을 취하고 있습니다. 아기가 태어나면 계좌를 개설해주고 일정 금액을 적립한 다음, 국가가 투자를 관리할 사람들을 지정해서 맡기는 제도죠. 이 말은 이 계좌들이 서로 상이한 곳에 투자될 수 있다는 의미이기도 합니다. 결과적으로 누군가의 계좌는 큰 이윤을 남긴 곳에, 누군가는 그렇지 않은 곳에 투자될 수도 있을 겁니다. 기본소득주의자들은 이런 지급방식이 우연성에 의존하는 결과를 낳는다고 주장합니다. 실제 '베이비 본드' 형식을 취할 때, 국가가 최소 지급액은 보장할 수 있어도 많은 이윤을 남긴 계좌에서 돈을 빼갈 수는 없는 노릇입니다. 물론 애커먼과 알스톳이 제안하는 '사회적 지분' 제도는 누구에게나 정액을 보장하기 때문에 이런 문제는 일어나지 않습니다.

하지만 국가들이 기초자본제도를 시행한다고 하면 종래에는 '베이비 본드' 형식을 취할 가능성이 높습니다. 일단은 초기 투자금이 적어 보이기 때문에 정치적으로 설득하기 쉽고, 무엇보다 '베이비 본드'는 중산층과 미래 세대에게 저축의 중요성을 알려줄 수 있는 교육적 측면을 지니고 있기 때문입니다. 예를 들어 통장을 개설해 200만 원을 넣어준다고 하면, 게다가 그 통장에 부모들이 지속적으로 투자할 때 국가가 거기에 일정분의 매칭금을 넣어준다고 하면, 부모들뿐만 아니라 아이들도 자연스럽게 저축의 중요성을 알게 될 겁니다. 그런데 문제는 기본소득주의자들이 주장하듯 투자의 결과의 따라 아이들이 성년에 지급받는 돈에 상당한 차이가 생길 수도 있다는 점이죠. 더군다나 베이비 본드의 경우 국가가 몇 군데 투자할 곳을 제안해준다고 할 때, 어디에 투자할지 결정을 내리는 주체가 알고 보면 그 돈을 수령할 아이가 아니라 부모라는 점도 문제입니다. 결국 부모가 상당한 부담과 책임을 떠안을 수밖에 없게 되는 거지요.

왜 기초자본인가:
기본소득에 대한 비판

그렇다면 기초자본주의자들은 이런 비판에 대해 어떻게 생각할까요? 우선 여러분에게 알려드릴 비밀 아닌 비밀 하나가 있습니다. 제가 지금은 기초자본을 좀더 지지한다는 사실입니다. 이게 기본소득을 지지하지 않는다는 의미는 아닙니다. 저는 기본소득 역시 지지합니다. 그런데 지금 당장 선택해야 한다면 기본소득보다는 '기초자본'에 더 마음이 기운다는 겁니다. 이 사실을 여러분이 알고 있어야 여러분의 선택을 고려할 때 좀더 객관적으로 생각해볼 수 있겠지요?

자, 우선 이른바 '박약한 의지' 때문에 자본금을 탕진한 청년들을 어떻게 할 거냐는 질문부터 생각해볼까요? '아직은 무분별한 젊은이들은 자본금을 제대로 쓰지 못할 가능성이 높다'는 거죠. 기초자본주의자들은 이런 질문 자체가 기본소득의 엘리트주의를 보여준다고 생각합니다. 누군가는 돈을 제대로 쓸 수 없기 때문에 제약을 받아야 한다는, 그 자체로 잘못된 발상이라는 거죠. 실제로 기본소득을 주장하는 대다수는 기초자본처럼 목돈의 형식으로 지급하는 데 반대합니다. 다시 말해 내가 평생 매달 받을 돈을 포기하고 그 돈을 한꺼번에 달라고 국가에 요구하는 일을 금지하는 거죠.

그런데 조금만 깊이 생각해보면 이런 제약이 젊은이들을, 그리고 평범한 사람들을 뭔가 부족한 사람들로 만들어버린다는 걸 쉽게 알 수 있습니다. 알고 보면 '너희들은 아직 경험이 부족하니 너희 욕망을 제어할 후견인이 필요하다'는 발상인 거죠. 이런 점에서 애커먼과 알스톳은 기본소득이 이런 '후견인 신탁' 제도라고 비판합니다. '너희들은 제대로 돈을 쓸 수 없으니 매달매달 필요한 돈만 받아야 해'라고 말한다는 거죠. 물론 기본소득주의자들은 이렇게 말하지 않습니다. '젊은이들의 도덕적 해이라는 불필요한 위험을 감수할 필요가 없다'고 말하죠. 그런데 기본소득주의자들의 이런 비판은 좀 아이러니합니다. 저는 이런 주장을 내세우는 이들이 '기본소득을 받는 사람들이 노동의지를 포기하면 어떻게 할래?'라는 질문에는 과연 어떻게 답할지 궁금합니다. 누군가는 이렇게 말할 수 있을 겁니다. '사람들이 노동을 기피하는 도덕적 해이라는 위험을 감수할 필요가 없다.' 실제 이런 후견인 제도는 소수의 도덕적 해이를 방지하기 위해 전체에다 규제를 가하는 셈입니다. 더불어 이론적인 측면이 있기는 하지만, 기본소득은 사실상 그 어떤 이도 온전하게 독립적인 의사결정 주체로 인정하지 않는 제도라고 할 수 있을 겁니다.

　이에 맞서 기초자본주의자들은 만약 개인이 원한다면 기초자본을 기본소득으로 전환하는 것도 허용한다고 말합니다. 예를 들어 애커먼과 알스톳은 8만 달러의 기초자본을 기본소득으로 돌리면 매달 400달러쯤 받을 수 있을 거라고 예상합니다. 그런데 이 두 학자는 참 흥미로운 말을 이어갑니다. "기초자본을 기본소득으로 전환해서 매달 400달러를 받는 사람들이 이 돈으로는 그냥 기초적인 것을 소비하는 것 외에 실질적 자유는 주지 못한다는 사실을 깨닫게 될 것이다." 다시 말해 기본소득이 먹고살게는 해주지만 인생을 전환시킬 수 있는, 그런 자금은 되지 못할 것임을 알게 될 거라는 얘기죠.

기본소득은 단기적인 소비주의를 조장하지만, 사회적 지분은 장기적 안목을 가질 수 있다. 기본소득은 액수가 너무 적어 스스로 인생을 선택하고 있다는 생각을 하지는 못한다. 8만 달러를 은행에 넣어두고 그들은 미래를 생각해볼 수 있을 것이다.[*]

어떠세요? '매일을 소비할 수 있는 돈이 네 인생에 도전할 힘은 주지 못할 것이다.' 우연의 일치일까요? 애커먼과 알스톳이 인생설계에는 무력하다고 지적하는 기본소득 400달러가 녹색당이 제시한 40만 원과 비슷한 액수입니다. 한마디로 '후견인이 매달 지급하는 이 돈으로는 네 인생을 바꿀 수 없다'는 겁니다.

[*] Ackerman & Alstott, "Why Stakeholding?", p. 48.

한편으로 '베이비 본드'에 기초를 두고 설계된 기초자본이 결국에는 젊은이들에게 서로 다른, 때로 불평등한 인생출발자금을 주게 될 것이라는 비판에도 할 말은 있을 것 같습니다. 기초자본주의자들이 볼 때 오히려 기본소득이야말로 개인에게 서로 상이한 돈을 주는 제도니까요. 예를 들어 서른 살에 사망하는 사람과 여든 살에 사망하는 사람의 경우 얼마나 차이가 날까요? 한 달에 40만 원이면 1년에 480만 원, 10년이면 4,800만 원, 50년이면 2억 4,000만 원. 하지만 기초자본의 경우 모든 아이가 성년에 이르면 지급받기에 적게는 18세, 많게는 21~25세 사이에 대체로 엇비슷한 액수를 수령하게 될 겁니다. 지급받는 청년들 간에 차이가 있다고 해도 누적되는 기본소득만큼은 아니겠지요. 더군다나 기초자본은 아이들이 심각한 질병을 앓는 경우 미리 찾아 쓸 수도 있다는 점에서, 알고 보면 기본소득보다 모든 이에게 더 평등한 제안일 수도 있습니다. 이런 점에서 기본소득은 오래 사는 사람일수록 유리한 제도죠. 이걸 과연 공평하다고 볼 수 있느냐는 겁니다. 기본소득주의자들이야 이 제도의 혜택을 받는 사람들이 살아 있는 기간 동안 지속적으로 그들에게 동일한 소비능력을 주는 것이기 때문에 불평등하다고 말하지 않을 겁니다. 그런 운까지는 어쩔 수 없다고 말하겠죠. 그렇다면 기초자본도 마찬가지입니다. 오래 사는 것이 개인의 선택이 아니듯 부모가 한 선택이 자식에게 미치는 우연성까지 제약

할 수는 없다고 말하겠죠. 더군다나 이게 진짜 문제라면 심상정 의원의 제안처럼 동일한 액수를 모든 청년에게 지급하면 됩니다. 그러면 모든 것이 깨끗하게 해결됩니다.

무엇보다 기초자본주의자들이 기본소득을 향해 내세우는 장점은 당장의 실행 가능성입니다. 앞서 든 예를 다시 볼까요? 녹색당의 기본소득은 2020년까지 여러 제도개혁을 거쳐 237조 원을 마련해야 합니다. 반면 정의당은 지금 있는 상속·증여세 5조 4,000억 원으로 당장 실행하겠다는 겁니다. 녹색당의 기본소득 제안에 비해 예산이 20분의 1도 안 드는 거죠. 만약 누군가가 '1,000만 원으로 뭘 하나? 요즘 세상에!'라고 주장해서 '그래, 한 3,000만 원 주자!' 이렇게 결정한다 해도 16조 2,000억 원이면 되는 겁니다. 여전히 10분의 1도 안 되는 예산이 드는 거죠. 이게 '베이비 본드' 형식을 취하면 초기 예산은 더 적어질 수도 있습니다. 예를 들어 영국의 아동신탁기금 같은 경우에는 그 초기 투자금이 놀랍도록 적습니다. 르 그랜드가 2010년 4월 27일 『가디언』지에 기고한 글에 따르면, 이 기금을 만드는 데 당시 영국 교육재정의 0.5%밖에 들지 않았다고 합니다. 아이들이 7세가 될 때 또 한 차례 돈을 넣어줘야 해서 7년 후에는 예산이 두 배로 늘어나겠지만, 그래도 1% 정도밖에 들지 않을 것이라고 하죠. 그런데 이걸 보수당이 중심이 된 연합정권이 긴축재정을 이유로 없애버렸으니 정치적 의도가 있다고 볼 수밖에 없지 않을까요. 실제 애커먼과 알스톳도 이 문제에 주목하면서 이렇게 말합니다. "블레어가 베이비 본드를 공급하는 첫해의 예산비용으로 모든 영국 성인에게 기본소득을 지급했다고 가정해보자. 영국 성인들은 매달 1.25달러를 받게 될 것이다."* 우리 돈으로 매달 1,500원도 채 못 받을 거라는 얘기죠. 결론적으로 기초자본은 적은 돈으로도 당장 실험에 나설 수 있다는 겁니다.

모두를 위한 소득 대 모두를 위한 상속

실제 기본소득이 정책적으로 시행되는 데 있어 가장 큰 문제는, 재원마련 자체의 문제라기보다는 재원을 마련하기 위해 상당한 제도변화가 필요하다는 겁니다. 상당히 큰 규모의 재정이 필요하기 때문에 기존의 제도를 손볼 수밖에 없지요. 예를 들어 녹색당만 해도 연금 및 양육수당을 통합해서 예산을 구축하겠다고 제안합니다. 결국 기존에 잘 작동하고 있는 복지제도에 불가피하게 손을 대야 할지도 모른다는 결론에

---

* Ackerman & Alstott, *Ibid*, p. 55.

이르게 됩니다. 당연히 아직 실행되지 않은 정책을 위해 내가 안정적으로 받고 있는 제도에 손을 대야 한다면 기존의 수혜자들이 가만히 있지는 않을 겁니다. 녹색당이 '사회적 합의', '정치적 의지'를 강조하는 데는 이런 이유가 있는 거죠. 실제 복지 전문가들에게 질문하면 대체로 기존의 복지비용을 기본소득 재원으로 전환해야 어느 정도의 효과를 발휘할 수 있는 재원이 마련될 거라고 봅니다. 그런데 기존의 복지를 지지하는 분들은 이런 걱정을 하더군요. '기존 제도를 허물고 실시한 기본소득이 무너진다면?' 그나마 작동하는 제도마저 잃어버릴 수 있다는 겁니다. 한편에서는 타당한 걱정이라는 생각이 듭니다. 이런 점에서 기초자본은 자유로운 편이죠. 기존의 복지제도는 고스란히 유지한 채 시행할 수 있는 제도니까요.

하지만 애커먼과 알스톳이 제안한 형식으로 진행된다면 또 다른 저항을 만날 가능성도 있습니다. 예를 들어 우리가 2019년 1월 1일에 20세에 이르는 청년들에게 사회적 상속을 한다고 가정한다면, 하루 또는 몇 시간 차이로 이 권리를 박탈당하는 청년들이 나올 수 있을 겁니다. 이들에게 상대적으로 박탈감을 느끼지 않게 시행할 방법을 찾아야 하지만, 온전히 그 박탈감을 메울 방법은 없을지도 모릅니다. 그리고 지급하는 액수가 크면 클수록 이런 박탈감은 사회적 지분의 혜택을 받은 세대와 그렇지 않은 세대를 갈라놓을지도 모르고요. 이런 점에서 '베이비 본드'는 들어가는 초기 투자금이 적을 뿐만 아니라 실질적인 수령 시기가 19년 후라는 점에서 당장 느낄 수 있는 상대적 박탈감이 훨씬 덜할 거라는 생각이 듭니다. 이런 점에서 기본소득은 모두가 지급받는 소득이기에 수혜자로서 상대적 박탈감은 그다지, 아니 전혀 문제가 되지 않을 겁니다. 다만 '왜 부자에게도 지급하느냐'라는 문제가 제기되었을 때 국가가 이 문제를 합리적으로 사람들에게 인식시키는 문제는 여전히 과제로 남게 되겠지요.

지금까지 모두를 위한 소득과 모두를 위한 상속에 대해 알아봤습니다. 모두를 위한 소득은 '지속 가능한 소비력'이 여러분에게 실질적으로 자유를 행사할 수 있는 힘을 줄 거라고 말합니다. 반면 모두를 위한 상속은 누구나 스스로 인생을 설계할 수 있는 기회가 실질적인 자유를 행사할 수 있게 만들 거라고 봅니다. 여러분은 어떠세요? '지속 가능한 소비력'을 원하십니까, 아니면 '인생을 설계할 수 있는 기회'를 원하십니까? 물론 우리가 원하는 세상은 이 두 가지가 모두 가능한 세상입니다. 저는 머잖아 그런 세상이 분명 오리라고 믿습니다. 어떤 사람들에게는 우습게 들리겠지만 그런 세상이 올 수 있도록 온힘을 쏟아부을 것이라 다짐하고 또 다짐합니다! 그게 저처럼 이런 공부를 해온 사람이 숨 쉬고 살아가는 인생의 의미라고 생각합니다. 잘난 척하는 게 아닙니다. 진짜 할 일이 이것밖에 없는 겁니다. 다만 그런 세상이 오기 전에 우리가 이 두 제안 중 하나를 실행에 옮기기 위해 선택한다면, 여러분은 무엇을 선택할지 묻고 있는 겁니다.

복지국가를 넘어
자산평등국가로

'모두가 적절한 재산을 가지고 있지만 누구도 너무 많은 자원을 독점하지 않은 정치공동체.' 루소의 『사회계약론』에서부터 찾아볼 수 있는 '자산평등국가'의 모습입니다. 자산평등국가는 공산주의 국가가 아닙니다. 모든 것을 똑같이 나누어 갖자고 말하지도 않고 무엇보다 사유재산 자체를 거부하지도 않지요. 국가로부터 배급받는 곳에서는 개인의 의지가 배급하는 권력에 종속된다는 점에서 '자산평등국가'를 지향하는 사람들은 무엇보다 공산주의에 반대합니다. 오히려 자산평등주의자들은 모든 사람이 타인에게 의지하지 않아도 될 만큼의 적절한 양의 재산을 소유하고 있어야 한다고 주장하죠. 내가 소유한 일정한 양의 재산이 나의 삶을 타자의 의지에 종속되지 않게 만든다는 점에서 사유재산은 반드시 필요한 것입니다. 그래서 '자산평등국가'를 지향하는 이들은 자신들이 추구하는 정체政體를 '재산소유 민주주의'라고 부릅니다.

　이 재산소유 민주주의자들에게 자산조사에 기반을 둔 복지국가는 반드시 극복해야 할 대상이나 다름없습니다. '복지'란 결국 어떤 이는 여전히 많은 자원을 독점하고 있고, 어떤 이는 자원부족에 시달리고 있어 이를 교정하는 활동이기 때문입니다. 그래서 이들은 부분복지를 거부하고 모든 이에게 최소한의 자원이 동등하게 '권리'로서 지급되는 사회를 원합니다. 더 나아가 누구도 자원을 과다하게 독점할 수 없도록 만들자고 말합니다. 예를 들어 2017년 『블룸버그』가 집계한 바에 따르면, "이건희 삼성그룹 회장의 재산가치는 185억 달러(약 21조 3,600억 원)이고 이재용 부회장의 재산가치는 72억 달러(약 8조 3,100억 원)"였습니다(『한국일보』, 2017년 7월 9일). 전 세계 200대 부자에 아버지는 45위, 아들은 199위였던 겁니다. 2018년 서울시 예산이 30조입니다. 부자가 합쳐서 거의 서울시 한 해 예산과 맞먹는 재산을 가지고 있는 겁니다. 이걸 자원의 독점이라고 보지 않는 게 이상한 일 아닐까요? 그러니 그들의 재산을 빼앗자는 게 아닙니다. 애커먼과 알스톳의 예를 빌리자면, 30조의 2%를 세금으로 내게 해서 그 돈을 모든 이에게 나눠주라는 겁니다. 이런 부유세가 열심히 일할 의욕을 떨어뜨릴 거라고요? 30조의 2%면 얼마죠? 6,000억 정도 되겠군요. 30조의 재산이 29조 4,000억으로 줄어서 일할 의욕이 떨어질 거라고요? 여러분 같으면 과연 그러겠습니까? 세상에 이런 거짓말이 또 어디에 있을까요? 한 해 '자본수익률'을 4%만 잡아도 이 6,000억 원은 아무런 노력 없이도 메워집니다.

　너무 부자를 예로 삼았다고요? 그럼 부유세 말고 소득세로 예를 바꿔보겠습니다. 현재 우리나라에서 "개인사업자의 '순이익'인 종합소득금액(총수입 - 필요경비)이 3억 5,600만 원인 경우 세 부담은 현행 1억 2,496만 원"이라고 합니다(『한국일보』, 2017년 12월 11일). 대략 2억 3,000만 원 넘게 여러분의 수중에 있습니다. 그런데 국가가 여러분에게 2,000만 원을 더 내라고 합니다. 여러분 수중에 2억 1,000만 원이 남게 되는 거죠. 그러면 여러분, 갑자기 일할 의욕을 잃어버리고 열심히 일하지 않을 겁니까? 2억 3,000만 원이 2억 1,000만 원이 되어서 게을러지시겠다고요? 만약 아주 빡세게 5,000만 원을 더 내라고 했다 치죠. 세금 떼고 1억 8,000만 원을 번다고 말이죠. 이러면 갑자기 일할 의욕을 잃고 게을러지시겠다고요? 이런 어처구니없는 말을 진짜로 믿으십니까? 문제는 세금이 투명하게 쓰이지 않는다는 거지, 높은 세금 그 자체가 아닙니다. 만약 이렇게 거둬들인 세금을, 기본소득의 재원이나 기초자본의 재원으로 쓴다면, 그래서 그것이 실질적으로 사회 전체의 안전망을 강화한다면 더 좋은 일 아닐까요? '재산소유 민주주의'는 이런 국가를 만들자는 것이고, 이런 국가가 부자들의 일할 의욕을 떨어뜨릴 염려는 없습니다. 그래서 일할 의욕이 떨어진다면 이미 그 사람은 부자로 살 자격이 없는 겁니다.

소수를 위한 상속을 넘어
모두를 위한 상속으로

아까 제 마음은 '기초자본'으로 기울어져 있다고 말씀드린 바 있습니다. 몇 가지 이유가 있어요. 무엇보다 저는 기초자본제도가 지닌 당장의 실행 가능성에 주목합니다. 다시 말씀드리지만, 영국의 아동신탁기금은 영국 교육재정의 0.5%로 시행한 것이었습니다. 우리가 정말 장기적으로 21세기의 새로운 분배를 꿈꾼다면 '베이비 본드' 형식의 기초자본은 재정적으로 사실상 내년이라도 당장 실행 가능한 제안입니다. 게다가 영국이나 캐나다의 경험에서 볼 수 있듯이 별다른 정치적 저항 없이 시작할 수 있는 제도라는 점도 마음에 듭니다. 더불어 우리 청년 세대가 맞고 있는 곤궁도 눈에 들어옵니다. "젊어서 고생은 사서도 한다." 좋은 말입니다. 그래서 아이들은 그 기회를 사고 있지요. '무급'으로 인턴을 하고, '열정페이'에 시달리고, '갑질'에 치를 떨고. 이거 정녕 사서 할 만한 그런 일입니까? 어려운 일은 안 하려고 한다고요? 그러기에 우리 아이들은 너무 많은 교육을 받았습니다. 자기가 받은 교육과 서로 상응하는 일을 찾고자 하는 게 진짜 잘못된 일일까요? 당장 청년들이 겪고 있는 이런 문제를 교정하는 데는 '베이비 본드' 형식을 넘어 '정액제 사회적 청년상속'이 즉각적인 효과를 낼 수도 있다는 생각이 듭니다.

한편 이론적인 차원에서 보자면 롤스의 『정의론』 중 한 구절에서 시작하고 싶네요. 롤스는 자신이 추구하는 정의로운 국가는 '재산소유 민주주의'라고 밝히며 이렇게 말합니다.

재산소유 민주주의는 부와 자본의 소유를 확산하려 노력하며, 따라서 사회의 일부가 경제와 정치적 삶 그 자체를 통제하는 일을 방지하려 한다. 재산소유 민주주의는 이런 통제를 삶의 각 시기의 끝에서 적게 가진 이들에게 재분배해서 피하려는 게 아니라, 각 시기의 시작에서 생산적인 자산과 인적 자본(교육받은 자질과 훈련된 기술)의 광범위한 소유를 보장함으로써 하려 한다.*

그렇습니다. 불평등은 누군가가 가난해진 뒤 교정하는 것이 아니라 미리 최소한의 자산과 인적 자본을 보장해서 해결하는

* Rawls, *A Theory of Justice*, pp. xiv~xv.

열심히 일하지 않아도 괜찮아!

것이 더 효과적이라 말하고 있는 것입니다. 실제 대다수의 불평등이 유년기부터 시작된다는 건 부인할 수 없는 현실입니다. 만약 우리가 이를 근본적으로 교정하고자 한다면 끝이 아니라 시작, 다시 말해 나이 들어서가 아니라 어린 시절에 투자해야 한다는 겁니다. 더 많은 교육, 더 많은 자본이 더 많은 기회의 불평등을 만들어내는 근본 원인이라면, 소수를 위한 상속을 넘어 인생의 출발점에 선 청년 모두를 위한 상속이 좀더 근본적인 해결책이라는 게 제 이론적 신념입니다. 더불어 소득의 집중은 경기를 탈 수도 있다고 하지만, 부의 과도한 집중은 어떤 방식으로든 사회제도가 만들어낸 부정의의 산물이라고 저는 믿습니다. 그렇기에 이 문제는 반드시 교정해야만 한다고 믿습니다. 저의 이런 신념을 잘 반영해주는 구절 하나가 있어 여러분과 공유하며 이 강의를 마칠까 합니다.

사회적 지분은 소수를 위한 거액의 상속에 대비되는 모두를 위한 의미 있는 상속이라는 평등주의 논쟁을 생생하게 제안한다. **즉 소수를 위한 상속과 모두를 위한 의미 있는 상속 간의 맞대결인 것이다.** [**]

[**] Ackerman & Alstott, *Ibid*, p. 56.

혐오와 차별에서 벗어날 수 있는
분배를 위하여

모든 국민은 인간으로서의 존엄과 가치를 가지며, 행복을 추구할 권리를 가진다. 국가는 개인이 가지는 불가침의 기본적 인권을 확인하고 이를 보장할 의무를 진다.

— 대한민국 헌법 제10조

책을 마무리하며 생각해봅니다. 이 책을 쓰며 원했던 목적을 성취했는지. 2016년 10월, '촛불혁명'이 시작되기 전『호모 저스티스』라는 책을 출간했습니다. 그 책에 '불의의 시대에 필요한 정의의 계보학'이라는, 조금 어렵게 느껴질 법한 부제를 달았지요. 그럴 수밖에 없었습니다. 우리는 정의를 외치고 있었지만 문제는 불의였으니까요. 정의는 원칙이지만 불의는 명백한 현실입니다. 우리 역사에서 불의는 언제나 극복해야 할 대상이었지요. 헌법만 봐도 그렇습니다. 미국의 헌법은 '정의를 세운다'고 내세우고 있지만 우리 헌법은 '폐습과 불의를 타파'한다고 선언합니다. 일부는 동의하지 않겠지만 보수정권 아래서 우리나라는 명백하게 불의한 곳이었습니다. 그 불의한 정권 아래서 혐오를 조장하고 차별을 당연시하는 사회세력이 생겨났지요. 무엇보다 그 세력의 중심에 '미래 세대'가 있다는 건 충격이었습니다. 혐오와 차별이 유희로 작동하고, 자기 경멸을 넘어 자기 옆에 살고 있는 모든 사람을 '벌레'로 호칭하는 미래 세대가 있었던 것입니다. 이런 세계가 만들어졌다면, 적어도 제 기준에서는 명백히 기성 세대에게 그 책임이 있습니다.

당대 정의론을 공부하는 이들에게 공유된 발상이 있습니다. '정의는 인간이 만드는 게 아니라 제도가 만든다.' '정의로운 제도 아래 정의를 이해하는 세대가 자라난다.' 혐오와 차별이 놀이가 되었다면 그 이유는 제게 명백했습니다. 권력이 누군가를 혐오하고 차별하고, 제도가 그 혐오와 차별을 인정하기 때문입니다. 정치학을 공부한 사람으로서, 권력과 제도가 불의하게 전락하는 것을 막지 못했다는 점에서, 저 역시 그 책임으로부터 자유로울 수 없었습니다. 권력과 제도가 정당하게 작동하지 못하고 있다는 건 역설적으로 대항세력도 역할을 다하지 못했다는 증거이기 때문입니다. 싸워야 한다고 믿었지만 저는 태생적으로 먹물입니다. 제가 가진 건 말과 글밖에 없습니다. 그래서 지금 우리 주변에서 일어나고 있는 부당한 일들을 역사적 사례와 함께 엮어 정의에 대한 책이 아닌, 불의에 대한 책을 썼습니다.

『호모 저스티스』를 쓰던 당시 제가 확인했던 만연한 차별과 혐오의 원천은 극단적으로 심화된 불평등입니다. 당시 확인했던 불평등 지표들은 한마디로 비참했습니다. 그 비참한 지표는 여전합니다. 특히 자원분배의 불평등은 극단적이지요. 소득도, 부도 세계에서 두 번째로 불평등한 나라가 바로 대한민국입니다. 우리나라는 부와 소득이 한쪽으로 쏠리며 사회계층이동이 불가능한 '새로운 봉건적 자본주의'로 전락하고 있습니다. 계급 없는 사회라는 말은 모두가 알고 있는 거짓말입니다. 엘리트들은 서슴없이 국민들을 '개·돼지'로 부르고, 갑질에 익숙한 돈 있는 자들은 자신이 고용한 사람들을 그렇게 취급합니다. 그 호명을 비난하는 국민들이 그 호명을 그대로 받아 서로를 '개·돼지'로 호칭하며 싸우고, 갑질을 비난하는 국민들이 정작 자기 눈앞에서 자행되는 '갑질'에는 침묵하는 일이 벌어집니다. 저는 그 호칭과 침묵이 끔찍합니다. 모두가 알다시피 '개'와 '돼지'는 의존적인 가축들입니다. 사회에 의존하는 모든 이가 '개'나 '돼지'마냥 취급당하고 있습니다. 부당한 일을 당해도 어쩔 수 없다는 그 체념이 두렵기까지 합니다.

'무엇이 문제일까?' 몇 번이고 묻고 답하며 저 나름의 결론이 섰습니다. 제게 대한민국은 '소득과 부가 사회적 인정투쟁'의 중심에 있는 곳입니다. 이 결론은 아이러니하게도 제가 대학생일 때부터 탐구해오던 주제, '소득과 부를 어떻게 분배할 것인가'로 관심을 되돌렸지요. 바로 '재산소유 민주주의'에 바탕을 둔 '기본소득'과 '기초자본' 논쟁이 떠올랐습니다. "적절한 소득과 부의 소유가 실질적으로 자유를 누릴 수 있게 하고 불의를 향해 '아니요'라고 말할 힘을 준다"는 전제에 기반을 둔 분배의 상상력입니다. 돌이켜보면 기본소득과 기초자본이라는 아이디어는 이미 20여 년 전부터 알고 있었던 것입니다. 낡은 서랍에 넣어둔 반가운 편지처럼 이 발상들을 꺼내들고 다시 하나씩 천천히 살피기 시작했습니다. 타자에 대한 혐오가 언제나 자기혐오에서 출발하고 그 혐오가 차별로 이어지기 마련이라면, 제가 대안으로 제시해야 할 핵심적인 내용은 '각 개인이 사회로부터 존중받고 있다고 느낄 만한 제도'여야 했습니다.

사실 『호모 저스티스』의 「에필로그」에서, '혐오와 차별을 넘어서는 제도적 해결책'을 그 책의 2부로 내놓겠다고 약속했습니다. 다시 꺼내든 기본소득과 기초자본이라는 분배의 상상력은 그 제도적 해결책의 첫걸음입니다. '모두를 위한 소득'과 '모두를 위한 상속.' 적어도 제게는 이 양자 모두가 필요한 것입니다. 항상 소비할 수 있는 힘, 인생을 설계하고 실행할 수 있는 종잣돈, 그 모두 필요한 것이기 때문이지요. 개인이 자유롭고 평등한 존재라는 자격을 바탕으로 모두에게 최소한의 소득과 상속이 보장되는 사회라면 사회구조적 원인으로서 자기혐오가 자리할 곳이 없으리라는 어느 정도의 확신도 들었습니다.

열심히 일하지 않아도 괜찮아!

이 책은 그런 마음으로 썼습니다. 기본소득이든 기초자본이든, 아니 다른 대안이라 하더라도 개인이 존중받는 분배의 상상력을, 자신을 타자와 비교하지 않아도 되는 분배의 상상력을 여러분에게 데려올 수 있다면 좋겠다, 그런 간절한 마음으로 썼습니다. 이에 더하여 이런 상상력을 현실적인 제도로 만들 수 있다는 믿음, 그 새로운 유토피아에 대한 확신을 주고 싶었습니다.

16세기 초에 토머스 모어는 최소소득을 보장하자는 작은 책자를 썼지요. 그 소책자에 그는 '유토피아'라는 제목을 달았습니다. 이제 그 유토피아는 제대로 된 사회라면 다 갖추어야 할 기본적 제도가 되었습니다. 최소소득을 보장해주지 못하는 국가를 우리는 지금 후진국이라 부르지요. 그 소책자의 제안이 기본제도로 자리 잡은 세상이 된 것입니다. 누군가는 500년 전 이야기 아니냐고 할지도 모르겠습니다. 하지만 지난 20~30년 동안 인류는 과거 500년보다 훨씬 더 많은 발전을 이루어냈습니다. 우리가 살고 있는 오늘의 시간은 과거의 시간과 비교할 수 없을 만큼 압축적입니다. 고로 저는 확신합니다. 새로운 분배의 상상력이 곧 현실화될 것임을. 더불어 강조하고 싶습니다. 알고 보면 기본소득도, 기초자본도 모두 이미 우리가 실험에 나선 분배의 상상력임을.

이제 저의 이야기는 끝을 맺어야 할 시간입니다. 혐오와 차별은 그 어느 순간에도 당당해서는 안 됩니다. 이 책이 바라는 건 그래서는 안 된다는 윤리적 요구가 아니라 그럴 필요가 없다는 제도적 해결책입니다. 사회기본제도가 모두를 존중한다면 그럴 필요가 없기 때문이지요. 이런 제도 아래에서 살아가는 여러분의 모습을 그려봅니다. 혐오와 차별 대신 조금은 여유롭게 가족이나 친구들과 산책하고, 때로 연인과 포옹하고 입 맞추며 좋아 어쩔 줄 몰라 하고, 좋아하는 악기를 연주하고, 배낭을 메고 여행에 나서고, 어린이집에서 나오는 아이를 두 팔 벌려 안아주는, 그래도 괜찮은 여러분의 모습을 그려봅니다. 이런 평범한 일이 더는 간절한 희망이 아닌 시간을 살아갈 수 있다면……. 이런 마음을 담아 이 책의 끝이 여러분에게는 '모두를 위한 분배'라는 새로운 상상력의 시작이길 간절히, 간절히 바라봅니다.

열심히 일하지 않아도 괜찮아!
21세기 분배의 상상력

2018년 10월 15일 초판 1쇄 발행
2019년 5월 23일 초판 2쇄 발행

지은이 | 김만권
펴낸곳 | 여문책
펴낸이 | 소은주
등록 | 제406-251002014000042호
주소 | (10911) 경기도 파주시 운정역길 116-3, 101동 401호
전화 | (070) 8808-0750
팩스 | (031) 946-0750
전자우편 | yeomoonchaek@gmail.com
페이스북 | www.facebook.com/yeomoonchaek

ⓒ 김만권, 2018

ISBN 979-11-87700-25-8 (03330)

이 도서의 국립중앙도서관 출판시도서목록(cip)은 e-CIP 홈페이지(http://www.nl.go.kr/ecip)
에서 이용하실 수 있습니다(CIP 제어번호: 2018030029).

여문책은 잘 익은 가을벼처럼 속이 알찬 책을 만듭니다.